교육철학잡기 8

고전 산책, 100가지 양식

2
0
2
5

어느 은둔 교육철학자의 사색과 탐구 에세이 ⑧

신창호

박영story

나의 아내 유희재 박사(1959~2021)를 그리며

머리말

『교육철학잡기』 여덟 번째, 제8권이다. 벌써 세월이 그렇게 되었는가! 8권인지라, 8자를 바로 보기도 하고 거꾸로 뒤집어 보기도 했다. 아무리 봐도, 보이는 그대로 8자일 뿐이다. 옆으로 눕혀 보았다. 다른 모습이 보인다. 수학의 기호인 무한대(無限大: ∞)와 비슷하다. 아니 같은가! 수학에서 무한대는 어떤 수나 양, 공간이나 시간 등에 제한이나 한계가 없는 상태를 의미한다. 어떤 실수(實數)나 자연수(自然數)보다 큰 상태를 나타낸다. 수열(數列)이나 함수(函數)가 무한대로 발산(發散)할 때도 사용한다.

지금까지의 내 인생, 거의 대부분을, 글을 다루었다. 글을 읽고 쓰며, 대략적으로 인생을 다듬어 오기만 했다. 그렇게 믿었다. 이런 삶에도 무한대가 있을까?

헤르만 헤세가 독서(讀書)에 관해 언급한 말들이 어렴풋이 떠올랐다.

인생은 짧다! 이 짧은 인생을 살고 난 후, 저 세상에 갔을 때, 누군가 물을까? '책을 몇 권이나 읽고 왔냐?' 이 짧은 인생살이에서, 무가치한 독서로 시간을 허비한다면, 미련하고 안타까운 일이리라.

삶의 한 걸음 한 호흡마다 그러하듯, 글 다루는 작업을 할 때는, 무언가 기대한 바가 있어야 한다. 보다 풍성한 활력을 얻고자 온 힘을 기울이고, 의식적으로 나를 재발견하기 위해 스스로를 비우고 몰두해야 한다. 한 권 한 권의 책, 하나하나의 글자와 문장들을 읽어 나가면서, 기쁨이나 위로, 또는 마음의 평안이나 힘을 얻지 못한다면, 철학사

(哲學史)를 줄줄 꿰고 있다 한들 무슨 소용이 있겠는가? 아무 생각 없이 산만한 정신으로 글을 읽는 것은, 눈을 감은 채 아름다운 풍경 속을 거니는 것과 다름없다.

나 자신과 나의 일상을 잊으려고 책을 읽어서도 안 된다. 보다 의식적으로 더욱 성숙하게 내 삶을 단단히 부여잡기 위해 글을 읽어야 한다. 책을 향해, 글 속으로 들어갈 때는, 겁에 질린 학생이 호랑이 선생님에게 불려가듯, 백수건달이 술병을 잡는 것처럼 해서는 안 된다! 히말라야를 오르는 산악인이 장비를 챙기듯, 전쟁터에 나가는 군인이 무기고 안으로 들어설 때의 마음가짐을 가져야 한다. 살아갈 의지를 상실한 도망자로서가 아니라, 굳은 의지를 품고 친구들에게 나아가듯이 말이다!

나는, 헤세의 가르침에 따라, 이렇게 고전(古典)에 다가간 적이 꽤 많았다. 이번 8권은 그렇게 고전의 100가지 내용을 마음으로 받아들였다.

그리고 생각해 보았다. 수많은 글을 다루면서 나는 성장했는가! 모르겠다. 그저, 진정한 교양이란, 완성을 추구하는 모든 노력이 그러하듯이, 어떤 목적을 갖는 것이 아니라, 그 자체로 의미 있다.

헤세의 독서에 관한 사유를 더듬으며, 8권을 마무리 한다.

2025. 11. 입동(立冬) 절기에

안동 시우실 망천서재에서

신창호

차례

View of Cracatoa, China Seas
John Webber (English, 1751-1793)

『주역(周易)』의 원형이정(元亨利貞) - 우주 자연의 역동성

여기저기에서, 『주역』의 원형이정(元亨利貞)에 관한 언급을 여러 번 했다. 우주 자연과 인간 사회의 원리를 고민하는 데 필수적인 법칙이기에, 또 다시, 반복하며 생각해 본다.

'원형이정'은 『주역』의 역동적 생명력을 상징하는 핵심 언표다. 계절로 안배할 때, 그것은 '봄-여름-가을-겨울'에 해당한다. 우주 자연의 질서를 관통하는 거대한 인생의 스타일! 사회의 운동 법칙!

주희(朱熹)는 『주역본의』<건괘>에서 다음과 같이 풀이한다.

> '원'은 크게 될 가능성, '형'은 두루 미치고 훤히 비추며 꿰뚫어 나가는 일, '이'는 마땅하게 자리 잡는 상황, '정'은 바르게 되어 굳어지면서 단단해지는 정돈 상태다.

정이(程頤)도 『역전』에서 다음과 같이 설명한다.

> '원'은 모든 존재가 처음으로 비롯되는 모습이고, '형'은 모든 존재가 자라나는 일이며, '이'는 모든 존재가 이르러 마치는 상황이고, '정'은 모든 존재가 이루어 정해지는 상태다. 이는 일을 어떻게 처리하느냐에 따라 바뀐다. 그러므로 '원'은 오로지 좋은 일이 크게 될 가능성이 되고, '이'는 바르게 되어 굳어지고 단단해지는 상태를 이루는 기본이 되며, '형·정'은 그 격식이 제각기 발생하는 일에 맞게 한다. 때문에 이 네 가지 덕의 뜻이 넓고 크다!

'원'은 모든 존재가 처음으로 비롯되는 모습이고, '형'은 그것이 자라나는 일이며, '이'는 그것이 자기 속성에 따라 자신에게 이르러 마치는 상황이다. 그리고 '정'은 그런 과정을 거쳐 이루어 정해지는 상태이다. 원은 시초이자 시작이고, 형은 발전이자 성장이며, 이는 성숙이자 성취이고 정은 완성이자 완결이다. 이런 역(易)을 품어 온 인생의 여정은, 삶의 합당한 지혜를 갈망하는 몸부림이 아닐까?

상당수의 경우, '원-형-이-정'을 '크다-형통하다-이롭다-곧다'와 같이, 점(占)을 쳐서 나온 결과를, 길흉(吉凶)의 논리에 맞추어, 삶의 진리처럼 제시하는 듯하다. 하지만 이런 이해는 건전한 삶을 왜곡시킬 수 있다. 원형이정은 우주 자연의 질서를 모델로, 삶의 변화무쌍한 상황을 합당하게 처리해 나가기 위한, 인간의 대응(對應)과 호응(呼應)을 점검하는, 소중한 생애 사업이다. 인생의 원형질(原形質)! 인간의 생명을 지속하려는 활동의 기초 원리, 천운의 질서를 상징한다.

『주역(周易)』의 세상 - 인생의 이치

『주역』을 이해하는 데 결정적인 도움을 주는 「계사전」(상) 제1장의 문장이 세상을 일깨운다. 「계사전」은 공자가 지었다고 하는데, 『주역』 전체의 대체와 범례를 자세하게 해설하고 있다.

> 하늘은 높고 땅은 낮아서 건곤이 정해졌다. 낮고 높은 것이 베풀어져 귀하고 천한 것이 자리했다. 움직이고 고요한 것이 일정함이 있어 강한 것과 부드러운 것이 판단된다. 방위는 동류끼리 모이고, 물건은 무리끼리 나누어지니, 길하고 흉한 것이 생긴다. 하늘에는 형상을 이루고 땅에는 형체를 이루니 변화가 나타났다.
>
> 건이 크게 시작함을 주관하고, 곤이 사물의 이룸을 만든다. 건은 쉬움으로써 주관하고, 곤은 간편함으로써 능숙하다. 쉬우면 알기 쉽고, 간편하면 따르기 쉬우며, 알기 쉬우면 친밀하게 느껴지고, 따르기 쉬우면 공효가 생겨나며, 친밀하게 느껴지면 오래할 수 있고, 공효가 생기면 클 수 있으며, 오래할 수 있으면 사람의 덕망이 훌륭해지고, 클 수 있으면 사람의 사업이 훌륭해진다. 쉽고 간편하게 하여 세상의 이치를 얻는다. 세상의 이치를 얻으면 그 가운데 지위를 얻으리라.

다시 강조하면, 굳센 것과 부드러운 것이 부딪쳐서 모든 변화가 생긴다. 그런 변화를 모아 놓은 것이 바로 '역(易)'이다. 역(易)은 해와 달을 상징하는 일(日)과 월(月)이 합쳐진 글자인데, 하루에 해와 달, 즉

낮과 밤, 굳센 느낌의 해와 부드러운 느낌의 달이 번갈아 바뀌는 형상을 본뜬 것이다.

변화 현상을 자연에서 보면, 봄에 천둥이 울려 만물이 눈을 뜬다. 그리고 바람과 비가 일어나서 만물이 자라고 해와 달이 운행하여 춥고 더운 것이 순환한다. 생물계로 비유하면, 남성적인 건에 해당하는 것과 여성적인 곤에 해당하는 것으로 분류할 수 있다. 남성적인 것은 움직이기 시작하며 시동을 맡고, 여성적인 것은 이것을 받아 순응하며 일을 완성하도록 인도하는 역할을 한다. 건은 가장 쉬운 방법으로 시동을 걸고, 곤은 간략한 방법으로 그것을 받아들인다. 한쪽에서는 쉽기 때문에 시동이 지체 없이 행해지고, 한쪽에서는 간략하기 때문에 아무런 저항 없이 받아들여 일의 완성을 향해 노력한다.

이런 과정에서 건의 움직임은 계속되고, 곤의 활동은 확대된다. 순응과 순환이 영구히 계속되는 일이, 다름 아닌 현인이 지닌 덕성의 특징이고, 그것을 확대하는 일이 어진 사람의 공덕이다. 인간은 이런 간단하고 평이한 간이(簡易)를 통해 우주 자연의 근본 원리를 체득할 수 있고, 이것으로 하늘·땅과 더불어 조화를 이루며 자신의 지위를 획득한다. 그것이 역의 기본 원리다.

『서경(書經)』「홍범(洪範)」의 삼덕(三德) – 세 가지 삶의 품격

어떤 사회건 최고지도자는 그 이름에 부합하는 품격을 갖추어야 한다. 그 하나의 사례로 중국 고대의 제왕은 세 가지 덕이 요청되었다.

> 세 가지 덕성은 '바르고 곧음', '굳셈으로 이김', '부드러움으로 이김'이다. 평화롭고 안락함에는 바르고 곧음으로 하고, 강하고 따르지 않음에는 굳셈으로 이기게 하고, 높고 밝음에는 부드러움으로 이기게 한다.
> 삼덕(三德), 일왈정직(一曰正直), 이왈강극(二曰剛克), 삼왈유극(三曰柔克), 평강(平康), 정직(正直), 강불우(彊弗友), 강극(剛克), 고명(高明), 유극(柔克).

고대 사회에서 제왕은 백성을 묶는 하나의 상징이다. 상징은 대표성과 책무성을 동시에 지닌다는 의미다. 제왕은 백성을 대표하여 그들을 온몸에 체현하고 있다. 따라서 백성들을 잘 보듬어야 한다. 여기에 덕이 필요하다.

가장 먼저 '정직(正直)'이다. 제왕은 바르고 곧아야 한다. '정(正: 바르다)'은 사악함이 없음이고, '직(直: 곧다)'은 꼬부라짐이 없음이다. 제왕이 이런 덕을 지니고 있지 않을 때, 백성은 모이지 않는다. 다음이 강극(剛克: 강함으로 이기다)과 유극(柔克: 부드러움으로 이기다)이다. '강함'이나 '부드러움'으로 이기는 일은 때에 따라 다르다. 그것은 과불급(過不及)을 조절할 줄 아는 중용(中庸)과도 같다.

인간의 상황은 힘을 얻어 강해지는 때와 힘을 잃어 약해지는 시기가 있다. 이에 대한 적절한 처신이 강과 유의 논리다. 예컨대 혼란과 전쟁의 시기에는 굳세어야 강하고 포악한 무리를 물리치고 정의를 수호할 수 있다. 마찬가지로 유약한 사람에게는 유약하게 대해야 한다. 그렇지 않으면 본분에 맞는 행위가 나오지 않는다.

이런 세 가지 덕이 바로 백성을 대하는 태도다. 최고지도자로서 제왕은 '정직(正直)-강(剛)-유(柔)'의 삼덕을 동시에 체현하고 있어야 한다. 사람마다 그 사람에게 적합한 태도로, 사람에 따라 그 사람의 상황에 맞게 삶이 윤택하도록 처리하여, 그들을 바르게 인도해 주어야 한다. 이는 공동체의 지도자가 가져야 할 기본 조건들이다.

『시경(詩經)』의 요조숙녀 – 그 믿음과 소망

『시경』은 중국에서 가장 오래된 시가(詩歌)를 모아 놓은 책이다. 지금부터 2,500여 년 이전의 시가들이 실려 있는데, 옛날에는 그냥 '시(詩)'라고 불렀다.

고대 중국의 제왕들은 국가적 차원에서 시를 채집하는 관리인 채시관(採詩官)을 두었다. 그들은 매년 봄과 가을 두 차례에 걸쳐, 각 지방을 돌아다니며 민간 가요를 수집하였다. 왜냐하면 각 나라의 민심이 어떠한지 그 동향을 살펴 정치에 참고하기 위해서였다. 이렇게 수집된 시들은 악관(樂官)에 의해 음률에 맞게 정리되고 편집되었다. 그 후, 공자가 다시 정리하여 오늘날의 『시경』으로 전해진다. 이 『시경』 전체의 첫 번째 시이자, 「국풍」<주남>의 첫 시가 '관저(關雎: 물수리의 울음)'다.

관관저구(關關雎鳩),
재하지주(在河之洲)!
요조숙녀(窈窕淑女),
군자호구(君子好逑)!

이렇게 시작하는 한시(漢詩)는 한글로 번역하면 대강 아래와 같은 의미다.

<물수리의 울음>
꾸욱 꾸욱 울어 대는 물수리여,
황하 모래섬에서 우는 구나!
아리따운 아가씨여,
군자의 좋은 배필이로다!
올망졸망 마름 풀을,
이리저리 헤쳐서 뜯으며,
아리따운 아가씨를,
자나 깨나 그리는 구나!
구해도 얻을 수 없으니,
자나 깨나 생각할 뿐,
그리움 사무친 마음에,
잠 못 이뤄 뒤척이도다!
올망졸망 마름 풀을,
이것저것 가려서 뜯으며,
아리따운 아가씨와,
거문고와 가야금을 타며 벗하도다!
올망졸망 마름 풀을,
이리저리 따내고 다듬으며,
아리따운 아가씨와,
종과 북을 치며 즐기도다!

일반적으로 이 시는 후비(后妃)의 덕을 노래한 것으로 해석한다. 하지만 선입견을 배제하고 읽으면 이성을 그리워하는 시로 느낄 수 있다. 아리따운 여성을 그리는 남성의 사랑을 구하는 연애시다.

첫 장은, 물수리 울음소리를 들으며, 좋은 짝이 될 이성을 생각하는 장면이다.

두 번째 장은, 종묘에서 제사에 쓸 마름 풀을 찾으면서도, 자기가 그리는 이성을 생각하는 감정에 빠져 있다.

세 번째 장에서는, 이성에 대한 그리움이 비약하여, 자신이 얻으려는 이성과 함께 살고 싶은 소망을 노래하였다.

이 시의 포인트는 '꾸욱 꾸욱 울어 대는 물수리여!'에서 '군자의 좋은 배필이로다!'로 이어지는 주제의 함축성이다. 물수리는 암수를 엄격히 구별하는 새다. 태어나면서부터 정해진 짝이 있어, 언제나 짝을 바꾸지 않고 함께 다닌다. '꾸욱 꾸욱 울어 대다'라는 것은 암수가 서로 상응하며 화합하는 소리다. 이에 물수리의 속성을 통해, 군자가 요조숙녀를 생각하는 연상 수법으로 읊었다.

곱고 아름다운 여성을 지칭할 때 쓰는, '요조숙녀(窈窕淑女)'라는 말이 여기에서 나왔다.

『효경』의 본질과 가치 - 덕성 실천의 근본

'효(孝)'라고 하면, 흔히 자식이 부모를 잘 모시면서 봉양하는 '효도'를 떠올리기 쉽다. 그것은 효를 상징하는 기본 징표다. 그러나 효는 그것보다 훨씬 넓은 의미를 지닌다. 최고지도자에게는 세상을 경영하고 사람들을 지도하는 최고의 덕목이고, 자식이 부모를 모시는 효도는 가장 기본적인 형태의 효다.

『효경』의 첫대목은 다음과 같이 기록하고 있다.

공자가 집에서 한가롭게 지내고 있을 때, 증자가 곁에서 공자를 모시고 있었다.

공자가 말했다.

"옛날 훌륭한 임금은 최고의 도덕성과 합리적 방법으로 세상을 잘 다스렸다. 그만큼 백성들도 서로 화목하였고, 어른 아이 할 것 없이 모두 서로를 미워하지 않았다. 너는 그런 사실을 알고 있느냐?"

증자가 자리에서 벌떡 일어나면서 말하였다.

"선생님, 저는 역사에 대해 훤히 꿰뚫고 있을 만큼 총명하지 않습니다. 어찌 그런 사실을 다 알 수 있겠습니까?"

공자가 말하였다.

> 효는 사람이 지닌 덕성을 실천하는 근본이다. 따라서 사람이 어떻게 살아야 하는지를 가르쳐 주는 교육을 하게 만드는 근거가 된다. ...... 사람은 몸뚱이와 팔다리, 털과 피부, 이 모든 것을 부모로부터 물려받았다. 그러므로 자기 몸을 소중히 여

겨서 함부로 다치거나 상하지 않게 해야 한다. 이것이 효의 첫걸음이다. 그런 점을 잘 깨닫고, 사회에 나가 사회에서 올바른 길이라고 인정된 윤리에 따라, 자기가 맡은 일을 실천하고 후세에 이름을 드날려, 부모의 이름을 빛나게 하는 것이 효의 마무리다.

효의 첫 번째 차원은, 가정에서 부모를 잘 모시는 일이다.

그다음 차원은, 사회에 나가서 자신이 속한 공동체를 존중하고, 조직의 지도자를 합리적으로 섬기는 일이다.

가장 높은 차원은, 사회에서 공인된 올바른 길을 따라 자신에게 주어진 직분에 충실하게 열심히 일하는 것이다.

'효'가 교육의 기본이 되고, 사람들에게 효를 가르치게 되면서, 사람들은 화목하고 서로 원망하는 일이 사라졌다. 사람으로서 지켜야 할 도리를 실천할 수 있는 계기가 마련되었다. 때문에 효의 실천은 인간의 삶을 아름답게 가꾸어 가는 기본이다.

이를 다른 말로 바꾸면 '효에 의한 다스림'이란 의미의 '효치(孝治)'가 된다.

그런 차원에서 효의 본질은 단순하게 부모를 봉양하고 모시는 행위에 그치는 일을 넘어, 태어나서 죽을 때까지, 자신의 존재 근거를 확인하고 사명을 깨달아, 열심히 살아가는 모습을 고민하는 양식으로 설정된다.

『논어』의 충서와 경 - 자기 충실과 타자 배려

『논어』「이인」에 공자의 인생길을 한 마디로 요약한 '충서'라는 개념이 등장한다. 공자의 좌우명이나 추구하는 길이 충서로 일관되어 있다는 말이다.

오도(吾道), 일이관지(一以貫之)!
부자지도(夫子之道), 충서이이의(忠恕而已矣)!

공자가 말했다.
"증삼아! 나의 인생은 하나로 모든 것을 관통한다."
증자가 대답했다.
"예! 무슨 말씀인지 알았습니다."
공자가 밖으로 나가자, 제자들이 증자에게 물었다.
"무슨 말씀이십니까?"
증자가 말했다.
"선생님의 인생길은 충서(忠恕)일 뿐이다."

이때 '충(忠)'은 자기의 마음을 다해 끝까지 열심히 노력하는 작업으로, '자기 충실'에 해당한다. '서(恕)'는 자기의 마음을 미루어 남을 생각하는 일로, '타자 배려'와 통한다. 내가 상대방의 입장이 되어 헤아려 생각해 보는 일이다. 공자는 평생에 걸쳐 '충'과 '서'를 행동의 규범으로 삼고 일관된 행위를 했다. 이 충서를 실천하는 기본 양식이 '경(敬)'이다.

수기이경(修己以敬)!
수기이안인(修己以安人)!
수기이안백성(修己以安百姓)!

자로가 훌륭한 인격을 갖춘 군자가 무엇이냐고 물었다.

공자가 말했다.

"경(敬)으로 몸을 수양하는 일이다."

자로가 말했다.

"이뿐입니까?"

공자가 말했다.

"몸을 수양하여 남을 편안하게 만들어 줘야 한다."

자로가 말했다.

"이뿐입니까?"

공자가 말했다.

"몸을 수양하여 모든 사람을 편안하게 만들어 줘야 한다."

이는 『논어』「헌문」의 대화로 '수기(修己)'의 핵심 요소를 논의한 구절이다. 그것이 다름 아닌 '경(敬)'이다. 유학은 이 '경' 공부에 몰입하려는 사상이라고 해도 과언이 아니다. '경'을 체득한 군자의 모습을 자로가 공자에게 물었는데, 공자의 대답이 자로의 마음에 차지 않았던 모양이다. 그래서 두 번 세 번, 그 내용을 구체적으로 따지듯 되묻자, 공자가 신중하게 답해 주었다.

먼저, 자기 몸을 닦고, 그것을 바탕으로 다른 사람을 편안하게 만들어 주며, 나아가 사회의 모든 인간을 편히 살도록 기여해야 한다.

이는 『대학』에서 수신(修身)-제가(齊家)-치국(治國)-평천하(平天下)의 논리와 상통한다. 이를 간략하게 축약하면, '수기치인(修己治人)', 또는 '수제치평(修齊治平)'이다.

『논어』의 인생 디자인 – 10여 년 주기의 성숙

공자(孔子)는 동양 사상 최고의 스타에 속한다. 그런 그도 인생을 디자인하는 과정에서 고심이 많았다. 그는 진지하게 고백했다.

> 나는 15세 무렵에 삶의 철학을 배우는 데 뜻을 두었다. 그리고 인생의 지혜와 기술이 담겨 있는 오경(『시경』『서경』『역경』『예기』『춘추』)을 3년에 하나씩 15년에 걸쳐 익혔다. 그리하여 30대에 삶의 목표가 섰다. 40대에 자연의 질서와 인간의 법칙을 깨달아, 어떤 유혹이나 난관에도 쉽게 마음이 흔들리지 않았다. 50대에는 세상이 어떻게 이루어지는지, 그 근원인 우주의 이법과 인생의 사명감을 깨달았다. 60대 환갑 이후에는, 세상사에 관해 듣는 것은 무엇이나 훤하게 알아차렸다. 70세 무렵에는 제 멋대로 행동해도 법도에 어긋나지 않았다.

이것이 그 유명한 『논어』「위정」에 나오는 '지우학(志于學)–이립(而立)–불혹(不惑)–지천명(知天命)–이순(耳順)–종심소욕불유구(從心所欲不踰矩)'로 이어지는 공자의 일생 요약이다.

공자의 인생 디자인! 그 '어른 되기'의 과정은, 수양이 어떤 차원으로 승화되는지, 삶의 성숙도를 살펴볼 수 있는 의미심장한 대목이다. 15년이 넘는 용맹정진의 시간을 바탕으로, 10여 년 정도의 주기로 삶의 경험이 질적으로 전환된다.

인생의 단련(鍛鍊)은, 나이가 많아지면서 경험을 쌓아가고 지적·도덕적 수준을 높여 간다. 인생에 대한 생각도 달라진다. 15세에서 40

세는 학습을 통해 깨닫는 단계다. 50대에서 60대 무렵에는 마음을 안정시키고 사명감을 일깨운다. 보다 성숙하면서 현명함을 더하고, 주변 환경의 영향을 상대적으로 많이 받지 않는다. 70대 무렵의 인생 말년은, 주관적 의식과 처세의 규칙이 융합된다.

공자는 15세 이후 삶의 희로애락을 심각하게 경험했고, 30대가 되면서 명성이 세상에 점점 알려졌다. 35세 때 고국 노나라에 내란이 일어나자, 이른바 '천하주유(天下周遊)'에 들어섰다. 이후 산전수전(山戰水戰), 풍찬노숙(風餐露宿)의 세월을 겪으며, 인생의 맛을 멋지게 체험했다. 그것은 말년인 68세에 고국으로 돌아오는 계기를 제공했고, 전통 문헌 정리와 제자 교육에 모든 역량을 집중하게 만들었다.

이런 공자의 일생을 되돌아볼 때, 인생 설계에서 무엇을 어떻게 고려하면, 보다 의미가 있을까?

『맹자』의 대장부(大丈夫) – 의리의 화신

전국시대의 종횡가(縱橫家)인 경춘이라는 사람이 맹자에게 말하였다.

"위나라의 장수였던 공손연과 장의는, 진정, 걸출한 사나이 대장부가 아니겠습니까? 한번 나대며 성을 내면 여러 나라의 지도자들이 두려워하고, 조용히 지낼 때는 세상이 잠잠합니다."

맹자가 말하였다.

"이 어찌 대장부라 할 수 있겠습니까? 그대는 예의를 배우지 않았나요? 남자는 성년식을 할 때 아버지가 훈계하고, 여자가 결혼할 때는 어머니가 훈계를 하지요. 시집을 갈 때 문에서 전송하며 이렇게 당부합니다. '네 시댁에 가서는 반드시 어른들을 공경하고, 몸가짐에 유의하여 남편을 거역하지 말라!' 이처럼 도리를 잘 지키는 일을 정도로 삼는 것은 아내들이 지켜야 할 예의입니다!"

> 세상의 모든 사람이 함께하는 사람을 사랑하는 마음으로 살고, 세상의 바른 자리인 예의에 근거하며, 세상의 큰 길인 올바른 일을 행하라!
> 그 뜻을 얻으면 사람들과 함께 그 길을 가고, 그 뜻을 얻지 못하면 나 홀로라도 그 길을 가리라.
> 부귀에 마음이 흔들리지 않고, 빈천해도 지조나 절개가 변하지 않으며, 위협이나 무력에도 굴하지 않는 이런 사람을 걸출한 사나이 대장부라고 한다.
> 거천하지광거(居天下之廣居), 입천하지정위(立天下之正位), 행천하지대도(行天下之大道)!

득지(得志), 여민유지(與民由之), 부득지(不得志), 독행기도(獨行其道).
부귀불능음(富貴不能淫), 빈천불능이(貧賤不能移), 위무불능굴(威武不能屈), 차지위대장부(此之謂大丈夫).

종횡가는 각 나라의 이해관계를 이용하여, 지도자를 설득하여 복종시키고 영달을 추구하던, 일련의 유세객(遊說客)들이다. 그들은 각국의 나라 정세에 능통하고 변론에 능란하다. 공손연과 장의는 특별한 무력을 가졌다기보다, 세 치의 혀를 놀려 지도자를 위협하거나 설득하고 복종시켜, 세상의 정세를 그들 마음대로 좌지우지했다. 경춘이 눈여겨 본 대목이 바로 이것이었다. 세상의 정세를 마음대로 좌지우지할 수 있는 힘! 경춘은 그들이 대단히 존경스러웠던 모양이다.

하지만 맹자는 전혀 다른 입장을 보인다. 이 넓은 세상에 사나이 대장부로 태어났다면, 부귀나 빈천, 위협이나 무력 등에 구애됨이 없이, 강직하게 살아 나가며 자기의 신념을 실천에 옮길 수 있어야 한다! 그런 정신을 바탕으로 지도자를 도와, 나라를 다스리는 데 기여할 기회가 오면, 사람들과 더불어 자기의 소신을 펼친다. 또 그러한 기회가 오지 않거나 좌절되면, 물러나 조용하게 홀로 자기의 소신을 펼치며 살아간다. 그런 사람이, 다름 아닌, 대장부라는 것이다.

『순자』「권학(勸學)」 - 공부의 필요성

순자(荀子)는 성악설(性惡說)로 대변되는 사상가다. 하지만 그의 논의는 단순히 '인간의 본성은 악(惡)!'이라는 부정적 사태에 그치지 않는다. 악한 품성을 억제하거나 선으로 전환하기 위한 실질적 고민과 실천 방안을 내놓았다. 그 결과, 인간 사회를 지탱하는 질서의 바탕인 '예(禮)'와 교육의 의미를 부각했다. 그것을 증명이라도 하듯, 『순자』의 첫 편은 「권학」으로 시작한다. 대강의 내용은 다음과 같다.

교양을 갖춘 지도급 인사는 말한다. '인간에게서 학문은, 살아가면서 해야만 하는 중대한 사안이다!' 푸른 물감은 쪽 풀에서 얻지만, 쪽 풀보다 파랗다. 이른바 '청출어람(靑出於藍)'이다. 얼음은 물로 이루어졌지만, 물보다 차갑다. 나무가 곧아서 그것을 재는 먹줄에 꼭 들어맞는다 하더라도, 그 나무를 굽혀 둥근 수레바퀴를 만들면, 곧은 먹줄이 아니라 굽은 자로 재어야 들어맞는다. 그렇게 나무가 바짝 마르게 되면, 다시 펴지지 않는데, 그것은 나무를 굽혀 놓았기 때문이다. 나무는 곧은 먹줄을 따라 가공해 놓으면 곧게 된다. 쇠는 숫돌에 갈면 날카롭게 된다.

사람도 널리 배우고, 매일 자기에 대해 생각하고 살펴야 한다.
그러면, 인식이 밝아지고, 행동에 허물이 없게 된다!
박학(博學) 일참성(日參省)!
지명(知明) 행무과(行無過)!

그러므로 높은 산에 올라가 보지 않으면, 하늘이 얼마나 높은지를 알지 못한다. 깊은 계곡 가까이에 가 보지 않으면, 땅이 얼마나 두터운지를 알지 못한다. 옛날 훌륭한 사람들이 남긴 말씀을 듣지 않고, 그들이 탐구한 기록을 검토하며 연구하지 않는다면, 인간 사회에서 학문이 얼마나 위대한지 알지 못한다.

변방에 있는 오나라나 월나라, 또는 사방에 흩어져 있는 오랑캐의 자식들도 태어났을 때는 같은 소리를 낸다. 하지만 다양한 경험을 하며 성장을 거듭해 나가면 풍습과 습관이 달라진다. 이는 경험에서 배우는 양상과 가르침의 양식이 다르기 때문이다. 즉 '생이동성(生而同聲)'이나 '장이이속(長而異俗)'이다.

그러기에 『시경』에서도 다음과 같이 노래했다.

아아, 그대들 교양인이여.
언제나 편히 쉬려고만 하지 말라!
그대들이 맡은 임무를 잘 처리하고,
올바른 사람을 좋아하라!
곧은 도리를 잘 따르면,
그대에게 큰 복이 있으리!

그렇게 인생의 학문을 이행한 존재는, 이 세상에 우뚝 선다. 올바른 길을 따라 공부하는 일보다 크게 여기는 삶의 길은 없다! 화(禍)를 입지 않는 것보다 좋은 복(福)은 없다!

『예기』「학기」 – 인생 학문의 이유

『예기』의 「학기(學記)」와 『대학(大學)』은 인생의 필수 사업인 학문을 심도 있게 논의하고 있다. 생애를 가꾸는 데 필요한 지혜와 그것을 펼칠 수 있는 양식을 구체적으로 제시한다. 『설원(說苑)』에는 그 대강을 다음이 같이 수록하고 있다.

어린아이 때는 삶에 필요한 지혜를 가르치고, 공부해서 어른이 되었을 때는 도덕성을 갖추어야 한다.

소자유조(小子有造), 성인유덕(成人有德)!

교육도 하지 않고 인간으로서 덕성도 체득하지 못했는데, 어찌 사람이라 할 수 있겠는가!

어떤 일이 발생하기 전에 미리 막는 것을 '예(預)'라고 한다. 문제가 발생했을 경우, 제때에 마주하는 것을 '시(時)'라고 한다. 서로의 장점을 보고 착한 쪽으로 나아가는 것을 '마(磨)'라고 한다. 배워서 절도에 맞게 베푸는 것을 '순(馴)'이라고 한다.

시금어기미발지왈예(時禁於其未發之曰預).
당기가지왈시(當其可之曰時).
상관이선지왈마(相觀而善之曰磨).
학불능절이시지왈순(學不陵節而施之曰馴)

어떤 일이건, 일이 발생한 후에 막으려고 달려들면, 서로 싸움이 나서 이겨 내지 못한다. 시기가 지난 후에 배우는 것은, 고생만 많을 뿐, 성공하기 어렵다. 마구 베풀며 겸손하지 않으면, 조절이 되지 않는다. 홀로 배워 친구가 없으면, 견문이 좁아진다.

그러기에 옛날부터 서울의 최고 교육 기관에서는 나라를 이끌어 갈 훌륭한 지도자를 길러 냈다. 지방의 고등 교육 기관에서는 지역사회를 발전시킬 현명한 인재를 길러 내어, 각 지역을 두루 다니며 실정을 파악하여, 복지를 베풀었다.

서로를 배려하며 기본을 지키고, 건전한 문명으로 사회를 지속해 나갔다.
상종집질(相從執質), 유족이문(有族以文)!

인생의 지혜는 나 홀로 짜내는 상상에서 나오지 않는다. '예(預)-시(時)-마(磨)-순(馴)', 즉 '미리 준비하고, 때에 맞게, 갈고 닦아, 적응하고 개척해 나가는' 사회적 관계에서 상식으로 정돈된다. 배려를 통해 서로 따르며 친하게 사귀는 '상종(相從)'과 인간관계의 기초를 탄탄하게 다잡아 나가는 '집질(執質)'을 체현하며 지속 가능한 문명사회를 꿈꾼다. 그런 일상이 인생을 장식할 때 건강한 삶이 역동적으로 춤춘다.

『대학』의 3강령 – 세 가지 리더십 원칙

『대학(大學)』은 유교의 지도자 이론을 담은 정치·교육의 기본 경전이다. 그런 만큼, 『대학』의 첫대목은 정치와 교육의 기초 양식을 엄밀하게 정돈하고 있다. 첫 구절은 세 가지 원칙을 담고 있기에, 삼강령(三綱領)이라 한다.

> 대학의 길은 명덕을 밝히는 데 있고, 백성을 새롭게 하는 데 있고, 지극한 선에 머무르는 데 있다!
> 대학지도(大學之道), 재명명덕(在明明德), 재신민(在新民), 재지어지선(在止於至善)!

이를 의역하면, 한 사회의 어른이 될 사람이 배워야 하는 공부의 원리와 체계는 다음과 같다.

첫째, 자신의 순수하고 착한 심성을 인식하고, 그것을 밝히는 데 있다.

둘째, 자기 수양을 바탕으로 타인을 이해하고 배려하며, 조화로운 사회관계를 만드는 데 있다.

셋째, 자신의 착한 심성의 수양을 바탕으로 타인과 어울리며, 사람 사이의 조화로운 사회관계를 일상생활에서 지속하는 데 있다.

『대학』은 한 사회의 어른이 될 사람들, 이른 바 '지도급 인사'들에게 필요한 배움의 체계다. 어른이 되어 간다는 것은, 그 사회를 추동해 갈 책임과 의무가 부여되는 과정이다. 그들에게는 책무성을 인식하고, 그것에 맞는 윤리적 실천이 요구된다.

유학 전통에서는 지도자의 길로 접어들기 위한 기본 원리를 세 가지로 제시하였다.

그 첫 번째가, 모든 개인의 심성이 도덕적으로 착하다는 성선설의 인식이다. 단도직입적으로 '나는 누구인가?(Who Am I?)'라고 했을 때, 유학의 대답은 간단하다.

'나는 착한 사람이다!'

그러므로 착한 행위를 통해 스스로 성숙할 수 있고, 타자를 배려할 수 있다! 타자를 이해하고 배려하며 훌륭한 관계망을 맺는 작업이 두 번째 원리인 조화로운 사회관계이다. 세 번째 원리는 착한 개인 모두가 본분을 다하며, 타자와의 조화로운 관계를 통해, 건전한 사회를 열어가는 지속 가능한 일상생활이다.

요컨대, 어른다운 인간의 삶은, 도덕적으로 착한 나와 너가 일상에서 만나, 사회 속에서 서로 격려하고 북돋아 주며, 더불어 아름다운 삶을 지속하는 일에 다름 아니다. 개인의 수양과 단련을 통해, 자신에게 충실한 삶을 기초로 타자를 이해하고 배려하는 생활을 궁극 목표로 한다.

『중용』의 천명(天命) – 인간과 문명의 존재 이유

『중용』은 유교가 지향하는 학문과 인생을 기록한, 유학의 하이라이트다. 인간 사회의 존재 이유와 삶의 성숙을 일러 주는 아름다운 인생의 노래다. 첫 번째 구절에 그 대강이 담겨 있다.

> 하늘이 명(命)한 것을 성(性)이라 이르고, 성을 따르는 것을 도(道)라 이르고, 도를 닦는 것을 교(敎)라 이른다.
> 천명지위성(天命之謂性), 솔성지위도(率性之謂道), 수도지위교(修道之謂敎)!

현대적으로 의역하면, "하늘의 명령이 우리가 말하는 인간 본성의 법칙이고, 인간 본성의 법칙을 따르는 것이 우리가 말하는 도덕 법칙이며, 도덕 법칙이 체계가 잡힌 것이 문화로 대변되는 제도이자 생활양식이다."

현대의 과학 문명은 정신주의(精神主義)보다는 물질주의(物質主義)적 경향으로 인간의 삶을 지배한다. 그러나 유학은 이와 다르게, 우주 자연과 인간 사회의 법칙이 지닌 엄혹한 진실로, 인간의 삶을 마주했다. 이는 물질적인 영역보다는, 눈에 보이지 않고 귀로 들리지 않는 정신적인 영역들이다. 도덕적 인간은 법칙의 엄혹한 진실을 알고 깊이 이해하고 있기 때문에, 비로소 정신적 삶을 영위할 수 있으며 윤리적 인간이 될 수 있다.

『중용』 첫 구절의 핵심은 '천명(天命)'을 중심으로 '성(性)–도(道)–

교(教)'로 이어지는 유기체적 사유 구조다. 다시 말하면, '하늘의지[天]-인간본성[性]-인생여정[道]-사회문명[教]'으로 이어지는 자연과 인간의 관계 맥락이다. 이 세 구절의 의미를 간략하게 정돈하면, 유학의 도덕적 체계를 종합한다. '하늘이 명령한 것을 본성이라 한다!'라는 말은 인본주의(人本主義)의 요체다. '본성을 따르는 것을 길이라 한다!'라는 말은 덕(德)에 나아가고 업(業)을 닦는 공부의 요체다. '길을 닦는 것을 가르침이라고 한다!'라는 말은 교육하고 정치하는 요체가 되는 삶의 양식이다.

『예기』의 대동(大同) – 천하위공(天下爲公)

꿈은, 일종의 열정이 담긴 무의식적 희망이다. 마음을 담아 이루고 싶은 소망이다. 어떤 사회에 사는 인간이건, 현실을 살아가면서 나름대로의 이상을 설정하고 염원한다. 그것이 삶의 열정을 낳는다.

『예기(禮記)』「예운(禮運)」에 그런 이상사회가 간략하게 기록되어 있다. '대동(大同)'이 바로 그것이다.

> 인간이 구현할 수 있는 최고의 도리가 행해질 때, 사람들은 세상을 공공의식으로 가득 채운다. 정권을 개인적으로 그 자손에게 넘겨주는 일이 없고, 덕망을 갖춘 유능한 인물을 선택하여 합리적인 일 처리를 지속적으로 진행한다. 사람들은 자신의 임무에 정성을 다하고, 서로 신뢰하며 화목을 실천한다. 그러므로 홀로 자기의 어버이만을 친애하지 않는다. 홀로 자기의 자식만을 사랑하지도 않는다. 세상을 더불어 살아가는 늙은이에게 그 일생을 편안히 마칠 수 있게 하고, 장년에게는 일을 할 수 있게 한다. 어린이에게는 의지하여 성장할 곳이 있게 하고, 과부나 홀아비 고아나 병자들은 모두 배려와 보호를 받을 수 있게 한다. 남자는 자신에게 적합한 사농공상(士農工商)의 직분을 갖추고, 여자는 돌아갈 남편의 집, 즉 편히 살 곳이 있다. 재화가 낭비되어 헛되이 땅에 버려지는 것을 싫어하고, 재물을 결코 개인적으로 감추어 두지 않는다. 역량은 사람의 몸에서 나오는 것이지만, 그 노력을 반드시 자신의 개인적 이익만을 위해 쓰지는 않는다. 때문에 간사한 꾀나 절도, 반란이 일어나지 않는다. 집집마다 바깥의 대문을 걸어 잠그는

일도 없다. 세상 사람 모두가 공공의 도리를 더불어 공유하는, 이러한 세상을 '대동'이라고 한다.

중국 혁명의 아버지 쑨원(孫文)은 '대동' 사회를 강조했다.

천하위공(天下爲公)!

그것은 아름다운 공동체의 이상향을 담은 사람, 그들의 열정이 숨쉬는 사회다. 이상사회처럼 들리지만, 이상보다는 도덕성을 갖춘 존재들이 조직한 오케스트라의 웅장한 연주, 그런 현실 세계다. 부도덕한 존재가 세상을 활보한다면, 욕망의 세계가 인간의 본질이라면, 그런 세상은 결코 도달할 수 없는 망상의 세계일 뿐이다. 현실의 부정부패가 절정으로 달려갈수록 대동의 이상은 조그만 구멍을 비추는 빛으로 세상을 밝힌다.

『예기』의 소강(小康) - 편안한 사회

인간이 꿈꾸는 세계는, 그야말로 꿈으로 날아다닐 뿐인가? 그렇다면 현실에서 불가능한 이상이 아니라, 현실에서 가능한 실제를 삶의 본질로 고려해야 하지 않는가! 현실적으로 가장 합리적이라고 판단되는 행복한 삶의 조건, 그 실제! 그것이 '소강(小康)' 사회다.

'소강'은 '대동' 사회처럼 완벽하지는 않지만, 그래도 사람이 살만한, 좀 괜찮은, 현실적 실제를 지향한다. 그렇다고 그것이 결코 쉬운 작업만은 아니다.

> 세상에 공공의 도리가 실천되기 어려운 시대, 그것이 현실이다. 현실에서는 공공의 도리가 희박해지고 개인주의가 횡행한다. 세상을 사사로운 집으로 생각하여, 사람들은 제 각기 자기의 부모만을 친애하고, 제 각기 자기의 자식만을 자애한다. 재화와 역량은 자기의 욕망을 위해 사용한다. 정치권력은 세습(世襲)을 예법으로 하고, 성곽(城廓)을 견고하게 만들어 자신을 지킨다. 예의를 기강으로 내세워, 그것으로 사람들의 직분을 바로잡고, 부모자식 사이를 돈독하게 하고, 형제자매를 화목하게 하고, 부부 사이를 화합하도록 질서 체계를 세운다. 제도를 설정하여 토지와 마을을 구획하고, 용맹과 지혜가 있는 사람을 훌륭하다고 여기고, 공공의 도리를 개인적 일 처리에 이용한다. 때문에 수시로 간사한 꾀를 부리고 갈등과 투쟁, 전쟁이 발생한다. …… 이에 의리를 밝히고, 신뢰 관계를 지속하고, 허물을 드러내 밝히고, 인간 사랑을 법칙으로 하고, 겸양의 도덕을 가르쳐, 사람들에게 떳떳한 법이 있음을 보여 주려고 노력

한다. 이 정당한 법칙을 따르지 않는 자가 있으면, 권력을 휘두를 수 있는 지위에 있는 자일지라도 배척하고 내쫓아, 사람들이 그를 사회악에 해당하는 지도자라고 손가락질하게 만든다. 이런 세상을 '소강'이라고 한다.

앞에서 언급한 '대동(大同)' 사회는, 사람들이 살아가는 데 가장 편안한 평화의 세상이다. 이에 비해 '소강(小康)' 사회는, 사람이 살아가는 데 그래도 괜찮은 조금 편안한 사회이다.

이 '소강' 사회의 구현은, 인간 공동체의 정당한 법칙 이행과 윤리질서의 구축이 생명이다.

『육도삼략』 - 병법(兵法)의 선구, 승리를 향한 열망

어떤 측면에서 보면, 세상은 인생 승리를 향한 열망으로 가득 차 있다. 그러기에 동서고금을 막론하고 인간 세상은 힘의 논리가 지배의 중심이 되어 왔다. 그 원초적 양식이 병법(兵法)이다. 병법은 지배자가 지배자이기 위한 철학이다. 동시에 약한 자가 강한 자가 되기 위한 방법이기도 하다.

중국의 역사에는 다양한 병법이 있었다. 대표적인 고전이 『손자병법』이다. 그러나 『손자병법』을 비롯하여 수많은 병법의 모델이 되는, 보다 더 근원적 고전이 있다. 다름 아닌, 『육도삼략(六韜三略)』이다. 『육도삼략』은 강태공(姜太公)으로 널리 알려져 있는 태공망(太公望) 여상(呂尙)의 저술로 전해져 온다.

강태공 여상은 80대의 나이에 위수(渭水)라는 강가에서 낚시질을 소일거리로 삼던 허름한 노인이었다. 하지만 주나라를 세운 문왕(文王)의 스승이 되어 국가를 부강하게 만드는 데, 가장 큰 역할을 한 지도자였다. 여상은 문왕을 도와 천하 통일에 기여한 공로로, 제(齊) 땅 100리의 영토를 받았다. 즉 봉건 시대 제나라의 시조가 된 것이다. 제나라 땅으로 온 태공도 처음에는 내이(萊夷)를 비롯한 여러 이민족의 반항을 받았다. 그러나 여상은 기존의 정치를 개선하고, 지역의 풍속을 존중하며, 예의를 정돈하여 정치에 열정을 다하였다. 이에 주변의 이민족들이 모두 잘 동화되었다. 그것은 주(周)나라가 산동(山東) 지역을 경략하는 중심지 역할을 하는 계기로 작용했다.

이런 국가의 기틀을 마련하는 전략이 『육도삼략』에 담겼다. 태공망(太公望)은 전쟁 같은 인간 사회의 생존 방법론으로, '자연에 순응' 할 것을 역설한다. 자연을 거역하지 않고 자연의 이법(理法)에 따라 자신을 적응시켜 감으로써, 궁극 목적을 달성하려고 한다.

'육도(六韜)' 사상의 중심에는, '무력(武力)에 의거하지 않고 적(敵)을 격파하라!'는 의식이 지배한다. 또 '삼략(三略)'에는 '부드러움[柔]이 굳셈[剛]을 누르고, 약함[弱]이 강함[强]]을 이긴다!'라는 사유가 짙게 배어 있다. 이 모두는 자연의 원리를 녹여 넣어, 인간 사회의 건전함을 유도한다.

고대 사회에서 국가 사회의 안전 보장을 담보하는 군사 활동의 경우, 자연의 법칙에 맞게 전개해 나가야 전쟁 국면을 유리하게 이끌 수 있었다. 그러나 인간의 행위는 이런 자세와는 사뭇 달랐다. 이에 태공망 여상은 탄식한다.

> 인간들이 인위적으로 강한 것만을 추구하고, 자연의 순리에 따른 법칙을 돌아보지 않는구나!

자연의 법칙을 따라 움직이면, 인간은 편안한 삶을 얻을 수 있다. 그러기에 성인(聖人)은 자연의 법칙을 체득하여 시기에 맞게 활동했다. 자연의 법칙을 확장하여 적용하면, 세계 전체도 포섭할 수 있고, 축소하여 적용하면, 아주 작은 그릇 속에도 감출 수 있다.

「육도」와 「삼략」의 저변에 흐르는 사유는, '우주 자연의 법칙'을 모델로 한 것이다. 이는 동양 사상의 원질로 자취를 남기며, 후대의 병법가인 손자(孫子)나 오자(吳子) 등, 여러 병법의 사상적 진원지(震源地) 역할을 담당했다.

『육도삼략』「육도」 – 여섯 가지 비결

'육도(六韜)'가 '육도'라고 불린 이유는 간단하다. 여섯 가지[六]의 도[韜]가 있기 때문이다. 여기서 '도(韜)'는 '감추다'라는 의미이다. '감추다'라는 것은, 원래 활이나 검과 같은 무기를 싸는 주머니를 의미한다. 그것이 '깊이 감추어 드러내지 않는다!'라는 뜻으로 전환되고, 다시, '비결(秘訣)'이라는 말로 쓰이게 되었다. 때문에 '육도'는 '여섯 가지 비결'이라는 말이 된다. 그 여섯 가지가 '문도(文韜)', '무도(武韜)', '용도(龍韜)', '호도(虎韜)', '표도(豹韜)', '견도(犬韜)'다.

「육도」는 모두 60장으로 되어 있다. '문도'와 '무도' 17장은 '나라를 다스리는 대강'을 논의했다. '용도' 이하의 43장은 병법과 전술을 논의하고 있다. 즉 정치의 기본 양식으로부터 삶의 다양한 문제를 고려하는 인간학적 특징을 담고 있다. '문도'의 한 대목을 보면, 그런 차원을 감지할 수 있다.

문왕이 사흘 동안 목욕재계를 한 다음, 위수(渭水)의 양지쪽으로 사냥을 나갔다. 마침내 그곳에서, 태공이 띠 풀을 깔고 앉아 낚시질하는 것을 보았다.

문왕이 말했다.

"수고가 많습니다! 낚시를 즐겨 하는가 봅니다!"

태공이 대답했다.

"'군자는 자기가 뜻하는 일이 이루어지는 것을 즐기고, 소인은 눈앞의 일이 이루어지는 것을 즐긴다!'라고 했습니다. 지금 제가 낚시질하는 것은 그와 매우 비슷합니다. 낚시 자체를 즐기는 게 아니지요!"

문왕이 말했다.

"그 비슷하다는 게, 무엇을 말하는 것입니까?"

태공이 대답했다.

낚시에는 세 가지 권도(權道: 상황에 맞게 취하는 방식)가 있습니다. 미끼로 물고기를 잡는 것은 녹봉을 주어 인재를 등용하는 것과 비슷합니다. 좋은 미끼를 써야 큰 고기가 잡힙니다. 그것은 두텁게 녹봉을 내리면, 목숨을 아끼지 않는 충신이 나오는 것과 비슷합니다. 물고기의 크기에 따라 쓰임에 차이가 있는 것은, 인품에 따라 관직이 다른 것과 비슷합니다. 하지만 그 이치는 아주 깊습니다. 그런 이치를 터득해야, 큰일을 제대로 처리할 수 있습니다!

이 대화의 요지는 '인재 등용'에 관한 의견교환이자 지도급 인사의 소통이다. '인사(人事)가 만사(萬事)다!'라는 말처럼, '누가 언제 무엇을 어떤 방식으로 처리하느냐'에 따라 국가 경영과 인간 사회의 흥망성쇠가 갈린다. 육도는 그런 문제에 관한 대원칙과 원리에서 구체적 방법에 이르기까지, 하나씩 풀어 나가고 있다. '무도'의 마지막 구절이 인상 깊다.

마음에서 지혜가 열리고, 지혜에서 재물이 열린다.
재물을 베풀어 사람들을 열고, 사람들 가운데서 훌륭한 지도자를 연다.
훌륭한 지도자가 제대로 열어 나갈 때, 세상의 지도자로서 등극할 수 있다!

『육도삼략』「삼략」 - 세 가지 책략

「육도」와 마찬가지로, 「삼략(三略)」은 '상략(上略)'과 '중략(中略)', 그리고 '하략(下略)'의 세 권이 들어 있기에, 그렇게 이름 붙인 것이다. 이때 '략(略)'은 '책략(策略)'이나 '모략(謀略)'이라는 의미가 깃들어 있다. 그러므로 '삼략'은 '세 가지 책략'이라는 뜻이다. '상략'·'중략'·'하략'은 '약(略)'의 '상편'·'중편'·'하편'이라는 말이지, '상등·중등·하등'과 같이 책략의 등급에 따라 구분한 것이 아니다.

「삼략(三略)」과 관련하여, 매우 의미 있는 사연이 전해 온다.

진(秦)나라 때, 황석공(黃石公)이라는 은자(隱者)가 있었다. 그는 이교(圯橋)라는 곳에서 장량(張良)에게 이 「삼략」을 전해 주었다고 한다. 장량이 누구인가? 유방(劉邦)의 멘토가 되어 한나라를 건설하는 데 크게 이바지 한 사람이 아닌가! 태공망(太公望)의 병법서인 「삼략」을 황석공이 장량에게 전해 주었다고 하여, 이를 「황석공 삼략」이라고도 한다.

『춘추』를 지은 이유가, 세상에 대혼란이 일어날 것을 미리 짐작하고, 그것을 걱정하며, 난신적자(亂臣賊子)들이 일어나서 정치를 어지럽힐까 염려하였기 때문이라고 하듯이, 「삼략」도 세상이 말세가 될 것을 미리 짐작한 선각자가, 그것을 우려하여 지어낸 저술이다. 황석공이 장량에게 이 책을 전할 무렵, 정말 그랬다. 진(秦)나라가 통일을 한 후, 말세가 도래했다. 도덕은 무너지고 인심은 흉흉했다. 간악한 무리들이 곳곳에서 고개를 쳐들고 일어났다. 지금까지 면면히 전해 내려오던 제왕의 올바른 도리가, 좀먹어 들어가는 상황이 연출되었다. 이때 「삼략」이 세상에 선보였다.

그것은 세상을 바로잡는 데 유용한 지침으로 작용했다. 고금의 흥망성쇠와 바른 것과 그른 것의 기준을 분별하는 데 필수적인, 세상의 정도가 무엇인가를 명백히 깨달을 수 있게 만든, 인간 경영을 위한 작품이었다.

'상략'의 시작은 간단하다. 지도자의 길이 어떠한지를 여실히 보여준다.

> 임금이나 장수의 길은, 일반 사람보다 뛰어난 영웅의 마음을 사로잡고 심복으로 만드는 데 있다.
> 그렇게 함께 일하다가, 공이 있는 사람에게 상을 내리고 녹봉을 주며, 자신이 뜻하는 일에 대해 여러 사람과 소통하며 나아가야 한다. 그러므로 사람들이 좋아하는 것을 함께할 때는 이루지 못할 일이 없다. 사람들이 싫어하는 것에 대해서도 같은 마음을 가지면, 사람들이 모두 자신을 따르게 된다. 한 나라를 다스리고 한 집안을 편안하게 할 수 있는 것은, 여러 사람의 마음을 얻었기 때문이다. 한 나라를 멸망시키고 한 집안을 파멸시키는 것은, 여러 사람의 마음을 잃었기 때문이다!

그렇게 하여, '하략'의 마지막 구절은 다음과 같이 마무리 된다.

> 한 사람에게 이익을 주고 백 사람에게 손해를 끼치게 되면, 사람들은 그 지역을 떠나가 버린다. 한 사람에게 이익을 주고 만인에게 손해를 끼치게 되면, 사람들은 그런 나라를 떠날 생각에 사로잡힌다. 한 사람의 조무래기를 버리고 백 사람에게 이익을 주게 되면, 사람들이 모두 그 은택을 그리워한다. 한 사람의

조무래기를 버리고 만인에게 이익을 주게 되면, 나라의 정치가 어지러워지지 않는다!

이익은 모든 사람에게 골고루 나누어 주라! 이것만이 정당한 책략이다.

『춘추삼전(春秋三傳)』 역사 기록의 존엄

동양에서 '춘추(春秋)'라는 용어는 역사를 의미한다. 사계절을 지칭하는 '춘하추동(春夏秋冬)' 가운데 '춘'과 '추' 두 글자를 뽑아 '춘추'라고 쓴 것은, 다름 아닌 '시간의 흐름'을 뜻한다.

『춘추』라고 했을 때, 이는 공자가 노(魯)나라의 역사 기록과 자료를 정돈하여 편찬한 저술로 이해한다. 주나라의 제후국이었던 노나라의 14대 임금 은공 원년(기원전 722)에서 27대 임금인 애공 14년(기원전 481)에 이르기까지, 노나라 12대 임금의 242년간의 역사를 기록한 책이다. 이 『춘추』에서 '춘추필법(春秋筆法)', 또는 '춘추대의(春秋大義)'와 같은 역사 기록의 존엄한 열정이 우러나왔다. 그 『춘추』를 해설한 저술이, 이른바 '춘추삼전'이다. 춘추삼전은 『좌전(左傳)』, 『공양전(公羊傳)』, 『곡량전(穀梁傳)』을 말한다.

『춘추』의 경문(經文)은 글이 매우 간략하고 추상적이다. 뿐만 아니라, 그 표현이 은미하고 완곡하며 피휘(避諱)를 하여 감춘 곳이 많다. 그런 만큼, 그 뜻을 제대로 이해하기가 쉽지 않다. 따라서 경문의 뜻을 풀어 해설한 '전(傳)'이 나오게 되었다.

'춘추삼전'은 제 각기 특징을 지니고 있다. 가장 큰 차이는 서술방식이다.

『좌전』은 경문에서 간략하게 언급된 사건이나 사실에 대해 관련된 역사적 사실을 자세하고 구체적으로 서술하는 형식을 취하고 있다. 이에 비해 『공양전』이나 『곡량전』은 질문과 답변의 형식으로 되어 있다. 경문에 있는 특정 용어나 구절을 짚어 내어 질문하고 답변하는 형식이다.

또 다른 차이점은 『춘추』의 경문을 마주하는 관점이다. 『좌전』은 『춘추』에 기록된 사건의 사실적 배경을 설명하는 데 중점을 두고 있다. 하지만, 『공양전』과 『곡량전』은 경문의 의례를 해설하는 데 치중한다. 즉 『좌전』은 기록된 사건과 사실에 중점을 두기 때문에, 경문과 관련이 없는 역사적 사실을 장황하게 서술한다. 삼전 가운데 『좌전』이 가장 널리 읽히고 있는 이유도 이와 같은 사실 기록의 충실성 때문이다. 『공양전』과 『곡량전』은 경문의 한 마디 한 글자를 세밀하게 분석하여 행간에 숨겨진 뜻을 구명한다. 이 때문에 『공양전』과 『곡량전』의 풀이는 경문을 절대 벗어날 수 없다. 때문에 '경문'은 있으나 '전'이 없는 경우는 있지만, '경문'이 없는데 '전'이 있는 경우는 없다!

이런 차이를 고려하여, 주희는 『좌전』은 사학이고, 『공양전』과 『곡량전』은 경학이라고 규정했다. 주희의 평가는 간단하다.

> 사학인 『좌전』은 기록의 측면에서는 상세하지만, 의리의 차원에서는 잘못된 점이 있다.
> 경학인 『공양전』과 『곡량전』은 의리의 차원에서는 공로가 있지만, 사실 기록의 측면에서는 오류가 많다!

다시 강조하면 『공양전』과 『곡량전』은 '경학(經學)', 『좌전』은 '사학(史學)'으로 분류된다. 현대적 의미로 이해하면, 『공양전』과 『곡량전』은 철학적 성격을, 『좌전』은 역사학적 특징을 지닌다고 볼 수 있다.

『춘추좌전』 - 시비(是非)의 거울

『춘추(春秋)』는 공자(孔子)가 지은 노(魯)나라의 역사서이다. 이 『춘추』의 경문(經文)에 좌구명(左丘明)이 전(傳)을 지은 것이 『춘추좌씨전(春秋左氏傳)』이다. 줄여서 『춘추좌전』, 또는 『좌전』이라고 한다. 반고(班固)의 『한서(漢書)』「예문지(藝文志)」에는 공자가 『춘추』를 지은 이유와 좌구명이 『좌전』을 지은 까닭을 다음과 같이 기록하고 있다.

> 옛날에 최고지도자인 왕(王)에게는 대대로 사관(史官)이 있어, 군주가 행하는 일을 반드시 기록했다. 왕이 언행을 삼가고, 정치의 올바른 길을 밝히기 위해서였다. 좌사(左史)는 '말'을 기록하고 우사(右史)는 '일'을 기록하였다. 일을 기록한 것을 '춘추(春秋)'라 하고, 말을 기록한 것을 '상서(尙書)'라고 하였다. 제왕은 이런 양식을 따르지 않으면 안 된다. 노(魯)나라는 주공(周公)의 나라이므로 예(禮)와 문물(文物)을 갖추었고, 사관(史官)은 법도가 있었다. 그 사관의 기록을 참고하여 행사의 근거로 삼고, 인간의 도리에 따라 일을 처리하여 공을 세우고, 실패하는 경우에는 그에 상응하는 벌을 주었다. 해와 달의 운행 질서를 관찰하여 역수(歷數)를 정하고, 조정에서는 예악(禮樂)을 바로잡으며, 때로는 칭찬하고 때로는 꺼리며, 깎아내리고 물리치는 정치 행위를 고민했다. 그것은 개인적인 책으로 만들어 드러낼 수 없고, 여러 학자에게 구전(口傳)되었다. 그런데 학자들이 제각기 말을 다르게 하는 경우가 있었다. 그런 상황을 겪은 좌구명은, 학자들이 각각 그 뜻을 가볍게 여겨 진실을 잃을까 두려워했다. 그래서 사실을 논의하여 전(傳)을 만들었다.

다시 강조하지만, 『춘추』'는 노나라의 역사 기록이다. 공자는 노나라 역사를 "삭즉삭 제즉제(削則削 除則除)"하는 방식으로 엮었다. 즉 방대한 기록에서 "깎을 것은 깎아 내고 없앨 것은 없애는" 방법으로 다시 편집하여, 새롭게 만들었다. 이유는 간단하다. 『맹자』「등문공(滕文公)」하(下)에 간략하면서도 자세하게 기록되어 있다.

> 세상의 윤리가 쇠퇴하고 올바른 길이 희미해져, 그릇되고 간사한 말들과 포악한 행동들이 만연하게 되었다. 신하가 자기 임금을 죽이는 자가 생기고, 자식이 그 아버지를 죽이는 자가 생기는 데까지 이르렀다. 공자가 이를 두려워하여 『춘추』를 지었다. 『춘추』는 천자(天子), 즉 최고지도자의 일을 다룬 사실 기록이다. 때문에 공자는 말했다.
> "나를 알아주는 것은 오직 『춘추』를 통해서일 것이고, 나를 벌하는 것도 오직 『춘추』를 통해서일 것이다!"

그런 만큼, 『춘추』는 공자의 사상이 깃들어 있는 역사서이고, 중국 고대 사상사 기록의 모범으로 일컬어진다.

중국 역사에서 『좌전』이 각광받기 시작한 것은 삼국시대(三國時代)였다. 서진(西晉)의 두예(杜預)가 『춘추경전집해(春秋經傳集解)』를 저술하여 집대성하고, 『춘추좌전』을 새롭게 조명하면서부터이다. 두예는 경문에 대응하는 원문을 넣고, 매년마다 기사를 분류하여 붙였다. 또한 『좌전』의 내용을 상세히 검토하고, 「서문」도 지어 넣었다. 이후부터 『좌전』은 매우 빠르게 널리 전파되었다.

이런 작업을 거치면서, 『좌전』은 춘추시대의 여러 제도를 사실대로 적은 역사서이자, 그 시대의 사회상과 인물 및 문물에 관해, 사실적으로 기술한 문학서이자 사상과 윤리 등 다방면을 아우르는 철학서로서 가치를 지닌다.

두예는 그의 저술 「서문」의 첫머리에서 다음과 같이 정돈해 냈다.

『춘추』는 노나라 역사 기록의 명칭이다. 나라의 일을 기록한 사람은, 그 사건이 있은 날에 맞추어 기록하고, 그 날의 달에 맞추어 기록하고, 그 달의 계절에 맞추어 기록하고, 그 계절의 년도에 맞추어 기록했다. 그것은 사건이 일어난 시기의 멀고 가까움을 분명하게 하고, 사건의 같고 다름을 구별하기 위해서다. 그러므로 사관(史官)이 기록을 할 때는, 반드시 어느 해인가를 나타내 기사를 시작했다. 한 해에는 네 계절이 있으므로, 네 계절에서 춘(春)과 추(秋)를 가져다 역사 기록의 명칭으로 삼았다.
『주례(周禮)』에 보면, 사관이 있는데, 그는 나라의 사방에서 일어난 사건을 기록하고, 사방의 뜻이 통하게 하는 일을 맡았다. 제후(諸侯)들도 각각 국사(國史)라는 직책을 두었는데, 큰 사건은 책(策)에 기록하고, 작은 일은 간독(簡牘)에 기록했다.
맹자(孟子)가 말했다.
"초(楚)나라에서는 국사를 '도올(檮杌)'이라 불렀고, 진(晉)나라에서는 '승(乘)'이라고 불렀으며, 노(魯)나라에서는 '춘추(春秋)'라고 했는데, 그 실제는 모두 같은 것이다."
한선자(韓宣子)가 노나라에 가서, 『주역(周易)』의 '상(象)'과 노나라의 『춘추(春秋)』를 보고 말했다.
"주(周)나라의 예법(法)은 모두 노나라에 있구나! 내가 이제야 주공(周公)의 덕과 주나라가 천자의 나라가 된 까닭을 알겠다!"

『춘추공양전』 - 정의(正義)의 거울 ①

『춘추공양전(春秋公羊傳)』은 줄여서 『공양전(公羊傳)』, 또는 『공양춘추(公羊春秋)』라고도 한다. 『공양전』은 전국시대 제(齊)나라 사람인 공양고(公羊高)가 편찬했다. 그 책은 구전(口傳)으로 내려오다가, 서한(西漢)의 경제(景帝) 때 필사본(筆寫本)이 만들어졌다. 완전한 형태의 책으로 갖추어진 것은 애제(哀帝) 때 유흠(劉歆)이 전문(傳文)을 인용하여 경(經)을 해석하면서부터이다.

반고의 『한서』「예문지」에는 "『공양전』은 11권으로 되어 있고, 『공양외전(公羊外傳)』 50편이 별도로 있었으나 모두 없어졌다."라고 기록하고 있다.

『공양전』이 책으로 완성되기 전에는, 입과 귀를 통해 서로 전해져 왔다. 이 전승(傳承)의 과정은 동한(東漢)의 하휴(何休)가 지은 『춘추공양전』「서문」이나 당(唐)나라 서언(徐彦)이 지은 『대굉서설(戴宏序說)』에 자세하게 기록되어 있다. 그 대강은 다음과 같다.

> 자하(子夏)가 공양고(公羊高)에게 전하고, 공양고는 그의 아들 공양평(公羊平)에게 전했다. 공양평은 그의 아들 공양지(公羊地)에게 전하고, 공양지는 그의 아들 공양감(公羊敢)에게 전했다. 공양감은 그의 아들 공양수(公羊壽)에게 전했다. 이때가 한(漢)나라 경제(景帝)가 다스리던 시기다.

다시 요약하면, 『공양전』은 공자의 제자인 자하로부터 전해졌다. 이후, 한나라 경제 때 책으로 만들어지기까지 340여 년이 걸렸다.

'춘추삼전' 가운데, 『좌전』은 춘추시대의 사실(史實) 내용이 풍부하고 규모도 가장 방대하며 역사 기록에 대한 특징들이 기사(記事)에 상세하게 나열되어 있다. 이에 비해 『공양전』이나 『곡량전(穀梁傳)』은 형태가 비슷하다. 역사 기록을 위한 저작이라기보다 『춘추(春秋)』의 경문(經文)을 해석하는 데 치중했다.

『공양전』은 『곡량전』보다 경문 해석에 관한 특정한 관점을 지니고 있다. 이 때문에 『춘추』에 쓰인 언사(言辭)와 구절, 경문 속에 은미하게 내포된 '미언대의(微言大義)', 또는 공자가 『춘추』를 편찬할 당시의 사상이나 감정을 탐색할 수 있다. 뿐만 아니라 『공양전』은 『춘추』에 기재된 각종 사건의 출발이나 그것을 인용하고 열어 가는 방식, 그리고 경문의 뜻을 밝혀 해석하는 데 모범적인 저술이다.

『좌전』이 사실(史實)로써 공자의 『춘추』를 주석했다면, 『공양전』은 오로지 경문(經文)에 대해 문답 형식으로 설명했다. 이와 달리 『곡량전』은 그 서술과 표현이 문학(文學)에 가깝다. 그런 만큼 『공양전』은 경문에서 쉽게 알 수 없는 부분을 거론하고, 일일이 해설하여 의문을 풀어 준다.

『공양전』의 첫 기록 앞부분을 보면 다음과 같다.

> 은공(隱公) 원년(元年) 기미(己未). 원년(元年) 기미(己未)의 봄은 왕력(王曆)으로 정월(正月)이다. '원년(元年)'이란 무슨 뜻인가? 군주가 처음 맞는 해이다. '춘(春: 봄)'이란 무슨 뜻인가? 한 해의 시작이다. '왕자(王者)'란 누구를 이르는 것인가? 주

(周)나라 문왕(王)을 말한다. 어찌하여 먼저 '왕(王)'을 말하고 뒤에 '정월(正月)'을 말했는가? 왕인 문왕의 정월이기 때문이다. 어찌하여 '왕정월(王正月)'이라고 말했는가? 하나로 크게 통일시키기 위한 것이었다.

은공(隱公)은 어찌하여 즉위(卽位)를 말하지 않았는가? 은공의 뜻이 이루어졌기 때문이다. 어찌하여 은공의 뜻이 이루어졌다고 하는가? 은공은 노나라가 평안해지면 환공(桓公)에게 돌려주려고 한 것이다. 어찌하여 환공에게 돌려주려 한 것인가? 당시, 환공은 어리지만 귀(貴)했고, 은공은 장성했으나 천(賤)했다. 그렇지만 그 존귀하고 미천한 구별이 미약하여, 나라 사람들이 존귀하고 미천한 차이를 알지 못했다. 은공은 장성하였고, 또 어질었기 때문에 여러 대부들이 은공을 이끌어 세웠다.

『춘추곡량전』 - 정의(正義)의 거울 ②

『춘추곡량전(春秋穀梁傳)』은 줄여서 『곡량전』 또는 『곡량춘추』라고도 한다. 공양고(公羊高)와 함께 공자의 문인인 자하에게 가르침을 받은 곡량적(穀梁赤)이 지은 것이라고 전한다. 『공양전』보다 조금 뒤에 책으로 성립된 것으로 추측된다. 경문(經文)을 비교해 보면, 『곡량전』의 경문이 『공양전』의 경문보다 정확하다고 할 수 있다. 하지만 전문(傳文)의 내용은 『공양전』을 따르는 경우가 많다. 반고의 『한서』「예문지」에는 11권이라고 되어 있고, 곡량자(穀梁子)가 지었다고 한다.

『곡량전』도 『공양전』과 마찬가지로 경문의 년월(年月)에 일어난 사건에 대해 문답체를 사용하여, 그 의리(義理)를 밝히고 있다. 『공양전』이 『춘추』의 '미언(微言)'과 '대의(大義)'를 모두 해석하고 있는 반면, 『곡량전』은 '대의'는 해석했으나 '미언'은 해석하지 않았다. 또한 『공양전』의 어구(語句)나 전(傳)의 뜻을 부분적으로 차용하고, 비슷한 사건을 문제로 하고 있다. 그럼에도 불구하고, 사건에 의탁한 뜻이 다르며 사상적으로 차이가 있다.

가장 큰 특징 가운데 하나는, 『곡량전』이 심정윤리(心情倫理)를 인정하지 않고 있다는 점이다.

예를 들면, 정(鄭)나라의 제중(祭仲)이 군주의 폐위(廢位)를 행한 일에 대해, 반대의 입장을 제기한다. 『공양전』에서는 '권도(權道)를 아는 자'라고 칭송하였지만, 『곡량전』은 의(義)를 내치고 악(惡)을 세웠다고 비난한다. 송(宋)나라의 양공이 홍(泓)의 전투에서 대패한 일에 대해서도 입장이 다르다. 『공양전』은 '큰일에 임해서도 예의를 잊지 않았다'라고 했지만, 『곡량전』에서는 다른 사람의 재앙을 공격하지 않았던 군자(君子)의 심정을 인정하지 않고, 패배하여 많은 장병 사상자를 낸 일은 '군주가 되어 그 군대를 버렸다'라고 함으로써, 책임윤리의 입장을 강조했다.

이런 특징을 지니다 보니, 『곡량전』은 사회 질서를 위한 원리가 도덕을 떠나 법(法)으로 옮아가는 법가적(法家的) 경향으로 치우쳤다. 이런 점에서 유가(儒家)의 전통사상에 융합되지 않는 측면이 있다. 그러나 '형명군주(刑名君主)'라고 일컬어지는 전한(前漢)의 선제(宣帝) 때, 『곡량전』은 박사관(博士官)에 세워졌다. 반면, 『공양전』과 『좌전』은 당시 사상계에 중요한 영향력을 발휘하지 못했다.

『관자(管子)』 - 일생의 설계

『관자(管子)』라는 저작은 『논어』나 『맹자』, 『노자』나 『장자』 등, 잘 알려져 있는 고전에 비해, 일반인들에게는 조금 낯선 문헌일 수 있다. '관자'는 친구 사이의 우정을 상징하는 '관포지교(管鮑之交)'라는 고사성어를 낳은 주인공, '관중(管仲)'을 말한다.

『관자』는 중국 고대 사상의 보고라고 할 정도로, 사유의 광대함은 물론, 인간 삶의 행위와 실천의 지침을 구체적으로 제공한다. 관중과 그의 학파는 가만히 앉아서 생각하는 철학자라기보다 시(時)와 세(勢)를 파악하는 데, 지혜를 발휘하는 실천하는 사상가였다. 그들이 고민했던 일생의 설계가 의미심장하다.

『관자』「권수(權修)」에 다음과 같은 문장이 있다.

1년의 계획은 곡식 심기보다 중요한 일이 없다.
10년의 계획은 나무 심기보다 중요한 일이 없다.
일생의 계획은 사람 기르기보다 중요한 일이 없다.
일년지계(一年之計), 막여수곡(莫如樹穀).
십년지계(十年之計), 막여수목(莫如樹木).
종신지계(終身之計), 막여수인(莫如樹人).

하나를 심어 하나를 얻는 것은 곡식이다.
하나를 심어서 열을 얻는 것은 나무이다.
하나를 심어서 백을 얻는 것은 사람이다.
일수일확자(一樹一穫者), 곡야(穀也).

일수십확자(一樹十穫者), 목야(木也).
일수백확자(一樹百穫者), 인야(人也).

인간의 행위는 대부분 계획적이고 의도적이다. 그 가운데, 자신을 수양하고 자신과 함께 할 다양한 형태의 인재를 양성하는 작업은 삶의 핵심 문제다. 그것은 학문 연구나 교육의 문제로 등장한다. 교육을 흔히 '백년지대계(百年之大計)'라고 표현하듯이, 인생의 여정, 그 삶의 계획은 정말 중요하다. 소중하고 귀한 만큼, 자신이 지향하는 가치를 표방하며 자신의 삶을 선도해야 한다.

관자의 언표처럼, 1년의 계획은 곡식을 심는 것보다 중요한 일이 없고, 10년의 계획은 나무를 심는 것보다 중요한 일이 없으며, 평생의 계획은 사람을 기르는 것보다 중요한 일이 없다. 한 번 심어서 거두는 것은 곡식이며, 한 번 심어서 10배를 얻는 것은 나무이며, 한 사람을 길러서 100배를 얻는 것은 사람이다!'

이런 차원에서 보면, 참다운 인재를 길러 적절하게 배치하는 일이야말로 사회 발전의 근간이다. 관중은 당시 해체되어가던 사회 조직을 바라보며, 공동체 구성원의 교육을 조직 부강의 기본 관건으로 제시했다.

굴원의 『초사』「이소」 - 충성, 그리고 분통과 원망

『초사(楚辭』는 중국 전국시대 초나라 때 굴원(屈原)의 작품이다. 이 가운데 「이소」라는 작품은 '걱정스러운 일을 만나다'라는 뜻을 담고 있다.

우주 자연, 즉 하늘은 사람의 시작이다. 부모는 사람의 근본이다. 사람은 곤궁함을 겪으면 근본을 돌아본다. 때문에 사람들은 힘들고 곤궁할 때, 우주 자연을 찾고, 질병과 고통과 참담한 일을 겪으면 부모를 찾는다.

굴원은 평생 동안 최선의 노력으로 도리에 맞게 행동하고 충성했다. 지혜를 다하여 군주를 섬겼다. 하지만 주변에서 헐뜯는 사람이 이간질을 하면서, 삶이 피폐해지고 곤궁해졌다.

신의를 지켰으나 의심을 받는다. 충성을 다했으나 비방을 받는다. 이럴 경우, 어찌 사람을 원망하지 않을 수 있겠는가? 굴원은 「이소」를 통해, 분통하고 원망스러운 자신의 마음을 표현하였다. 중간의 한 부분을 발췌해 본다.

나는 이미 수만 평의 땅에 향기 나는 난초를 심었고,
수천 평의 땅에 향기 나는 혜초를 심었다.
향기로운 유이와 제거를 심어 발두둑으로 만들었고,
향기 나는 두형과 방지도 섞어 심었다.
가지와 잎사귀가 무성하길 바라며,
때 기다려 장차 내 손으로 베기를 소망한다.
시들어 떨어진다 한들 무엇이 안타까우랴만,
향기로운 풀들 더러워지는 것이 애달프다.

당파를 지은 무리가 앞 다퉈 재물을 탐내고,
실컷 갖고서도 물릴 줄 모르고 더 찾는다.
안으로 자기는 용서하면서 남에게는 따지려 들며,
제 각기 마음을 부글부글 끓어 올리며 질투하고 있다.
바쁘게 어리저리 쫓아다니고 있으나,
내 마음이 급한 것은 결코 아니다.
몸은 점점 늙어 가는데,
깨끗한 이름 세우지 못할까 두렵다!

아침에는 모란에서 떨어지는 이슬을 마시고,
저녁에는 가을 국화의 지는 꽃잎을 먹는다.
내 마음 굳게 믿고 요약하여 지킨다면,
오랫동안 굶주린다 한들 무슨 아픔이 있겠는가?
나무뿌리 캐어 약재로 묶고,
줄사철나무의 꽃술을 꿰어 놓는다.
계수나무 버섯으로 향기 나는 난초에 묶고,
향기 나는 호승을 꼬아 아름답게 엮는다.

아! 나는 덕망 닦은 사람을 본받으려 하지,
세속에 복종하려는 것은 결코 아니다.
요즘 사람에게는 맞지 않더라도,
원컨대 팽함이 남긴 법도를 따르고자 한다.

양웅의 『법언』 - 한(漢)나라의 『논어』

학자는 꿈꾼다. 모범이 될 만한 학자를 존경하며, 그의 삶과 사유를 따라가 보려고 고심한다. 양웅(揚雄)이 그랬다. 그는 한나라를 대표할 만한 유학자이다. 저 유명한 『법언(法言)』을 저술했다.

공자에게 『논어』가 있듯이, 후대에도 그것에 버금가는 저술을 갈망했다. 그렇게 탄생한 것이 『법언』과 『근사록(近思錄)』이다. 양웅의 『법언』은 한나라의 『논어』이고, 『근사록』은 송나라의 『논어』이다. 후대 학자들은 평가한다. 공자의 『논어』와 양웅의 『법언』, 그리고 주희와 여조겸의 『근사록』, 이를 중국 사상사에서 3대 논어라고 한다. 그만큼 짜임새 있고, 후대의 철학에 영향을 미쳤다.

『법언』은 말 그대로 '본받을 만한 말'을 기록하고 있다. 정치, 경제는 물론, 역사, 교육, 군사 등 사회 문화의 제반 사항을 망라하여, 한 권의 저술 속에 집중시켰다. 그것도 자문자답(自問自答) 형식으로 전개한다. 무엇보다도 대화체로 구성되어 있는, 『논어』의 체제와 내용을 모방했디.

질문자에게 법을 말해 주는 형식에서, 양웅은 무엇을 전하려고 했을까? 간단하게 말하면, 성선(性善)을 강조한 맹자(孟子)와 성악(性惡)을 강조한 순자(荀子)의 입장을 절충하여, 공자(孔子)의 사유와 실천으로 복귀하려는 의도를 지녔다. 그리하여 『법언』은 「학행(學行)」·「오자(吾子)」·「수신(修身)」·「문도(問道)」·「문신(問神)」·「문명(問明)」·「과견(寡見)」·「오백(五百)」·「선지(先知)」·「중려(重黎)」·「연건(淵)」·「군자(君子)」·「효지(孝至)」의 총13편으로 구성되었다.

어쩌면, 양웅이 진단한 인간의 성품이 정당한지도 모르겠다. 그는 성선(性善)도 성악(性惡)도 아닌, '성선악혼재설(性善惡混在說)'을 주장한다. 인간의 본성에는 선악(善惡)이 섞여 있다! 때문에 선을 닦으면 착한 사람이 되고, 악을 닦으면 나쁜 사람이 된다! 이는 인간의 최고 품격인 '상지(上智)'도 아니고, 낮은 차원의 품성인 '하우(下愚)'도 아닌, 중간 정도의 품성으로 이해된다. 어쩌면 동중서가 얘기한, '성삼품설(性三品說)'에 가깝다.

이 지점에서 중요한 사유가 돋보인다. 올바른 스승을 만나, 경서(經書)를 배우고 정당하게 행동하면, 인간으로서 품격을 갖춘 군자(君子)가 될 수 있다는 희망이다. 그것은 학문의 중요성으로 드러난다.

학문의 중시! 경험을 중시하는 합리주의적 입장에 서서, 미신적 차원의 재이사상(災異思想)이나 예언적 운명론, 신선(神仙)사상 등을 비판한다. 이런 사유는 인간의 도리를 강조하는 공부로 이어진다. 그 공부는 유학 본래의 사유로 복귀하려는 노력에 다름 아니다. 인위적 도덕 교육을 기초로, 전통적 예치(禮治)와 덕치(德治)를 고취시키며, 효도를 강조한다. 때로는 시대 상황의 변화를 고려하여, 은둔(隱遁)을 인정하기도 한다. 이는 도가(道家)의 색채를 농후하게 끌어안는다.

송나라 이전에는 양웅의 『법언』이 호평을 받았다. 『맹자』나 『순자』에 버금가는 작품으로 평가되었다. 『법언』의 전체 편목이 『한서』「양웅전揚雄傳」에 수록되어 이례적인 존중을 받았던 것이다. 그러나 송나라 때의 학자들에게 비난의 대상이 되었다. 이유는 간단했다. 왕위(王位)를 찬탈한 왕망(王莽)의 대부였기 때문이다. 그런 사실과 동시에 『법언』의 존재도 서서히 잊혀졌다.

『법언』은 의리를 중시하는 성리학자들에게 비난을 당하는 수모를 겪었다. 하지만, 편견 없이 그의 사유를 둘러보면, 『법언』이 얼마나 짜임새 있게, 건강한 사유를 제공하는지, 학문론의 새로운 맛을 느낄 수 있다. 그것이 고전의 힘이다.

양웅은 「서문」에서, 왜, 『법언』 13편을 지었는지, 하나하나, 자세하게 말한다. 제1권 「학행」을 만든 이유는 다음과 같이 정돈되어 있다.

> 인간이 탄생했을 때, 그는 아무것도 모르는 어리석은 상태에서 본능대로 행동했다. 총명한 마음이 열리지 않았다!
> 인간답게 살기 위해서는 어떻게 해야 하는가? 세상의 모든 이치를 가르쳐야 한다.
> 그래서 「학행」을 지었다.

이렇게 인간다운 세상을 열망하며, 양웅은 『법언』을 시작했다. 그 내용을 학자들이 인정하던 시기에는, 단순히 『법언』이 아니라, 『양자법언(揚子法言)』으로 존경받았다.

양웅의 『법언』「학행」 - 인생의 알파(α)

아름다운 저술에는, 내용이 의도하는 알파와 오메가가 있기 마련이다. 『법언』이 던지는 인생의 알파는 제1권 「학행(學行)」이다.

배움의 실천!

그것은 '학이시습지불역열호(學而時習之不亦說乎)!'로 시작하는 『논어』를 빼닮았다. 첫 마디부터 삶의 무게를 싣는다.

배움은 그냥 '앎[知]'이 아니라 '실천[行]'이 최고다. 배움을 '말하는 작업[言]'은 그다음이다. 배움을 다른 사람에게 가르치는 일[教]은 또 그다음이다.

'행(行)-언(言)-교(教)'의 3단계, 저 배움의 계층과 질서를 두고, 이 세 가지 가운데 어느 하나에라도 몸소 향하지 않는 존재는, 그저 보통 사람일 뿐이다. 다시 강조하면, 삶에서 배움이란, 첫 번째가 실천이고, 두 번째가 말이며, 세 번째가 가르치는 일이다. 긴장된다.

어떤 사람이, 삶에 대한 의지나 보람에 관한 애착이 없이, 쉽게 말했다.

배워 본들 뭐, 인생에 유익할 게 없는 것 같습니다.
타고난 본성대로 그냥 살아가는 것도 괜찮지 않습니까?
어떻게 생각하십니까?"

『양자법언』에서는 꾸짖듯이 답변한다.

이직 생각이 미치지 못한 말입니다. 인생이 무엇인지, 진지하게 생각해 보세요. 예를 들면, 칼을 가진 사람은 갈아야 합니다. 그래야 용도에 맞게 사용할 수 있습니다. 옥돌을 가진 사람은 쪼아서 닦아야 합니다. 그래야 옥이 반짝반짝 빛나서 제대로 활용될 수 있습니다.

인생도 마찬가지입니다.

삶의 길을 갈고 닦지 않으면, 어찌 쓸모가 있겠습니까? 갈고 닦음으로 말미암아, 삶의 본바탕이 드러나는 것입니다. 그렇지 않으면, 타고난 것, 그저 그것으로 끝나 버립니다. 너무나 허무한 인생으로 사라지는 것은 아닐까요?

'배운다!' 이 표현은 타고난 본성을 닦는 작업이다. 보고, 듣고, 말하고, 용모 단정한 몸가짐을 갖추고, 생각을 바르게 해야 한다. 이 다섯 가지는 인간의 본성 가운데 포함되어 있다. 배우면 그것은 올바르게 되고, 배우지 않으면 삐딱하게 된다. 어떤 자세가 인생이어야 할까?

또 어떤 사람이 물었다.

"삶의 길을 나아가는 원리는 어떠합니까?"

『양자법언』은 말한다.

"흘러가는 물을 보십시오! 거기에 해답이 보일 겁니다."

옆에 있던 사람이 다시 묻는다.

"물이 밤과 낮을 가리지 않고, 쉬지 않고 흘러가기 때문입니까?"

『양자법언』은 대답한다.

"그러합니다. 가득 찬 다음에 천천히 나아가는 것이 물입니다. 인생도 그러해야 합니다."

또 곁에 있던 사람이 물었다.

"큰 기러기가 차츰차츰 나아가는 것과 같은 건가요?"

『양자법언』은 대답한다.

"갈 곳이 아니면 가지 않고, 살 만한 곳이 아니면 살지 않는다. 차츰차츰 나아가는 것이 물과 갈습니다."

그 옆에 있던 사람이 조용히 청해 물었다.

"그렇다면 나무도 차츰차츰 나아가는 것입니까?"

지긋하게 눈을 감았다가, 『양자법언』은 다시 대답한다.

"근본을 단단히 굳히고 난 다음에 점차 위로 성장해 나가는 것이 나무입니다. 이 또한 물이 흘러가는 것과 같은 원리입니다!"

가득 찬 이후에 서서히 나아가는 저 물!
만이후점(滿而後漸)!

아래에 멈추어 위로 뻗어 나가는 저 나무!
지하점상(止下漸上)!

양자의 간절한 외침처럼, 인생의 진로가 이런 배움에 달려 있지 않은가?

양웅의 『법언』「효지」 – 인생의 오메가(Ω)

동서고금을 막론하고, '효(孝: filial piety)'는 인간의 도리 가운데 기본을 형성한다. 어떤 표현으로도 감당할 수 없는 가치를 지닌다. 물론, 그 형식과 내용은 문화에 따라 다양하게 드러난다. 왜, '효심(孝心)' 또는 '효도(孝道)'가 중요할까? 이유는 정말 간단하다.

『양자법언』은 말한다.

> 부모–자식 사이의 관계를 우주 자연에 비유하면, 부모는 자식에게 하늘과 땅 같은 존재이다. 모든 존재의 근원인 하늘이 없으면, 그 어떤 것도 생겨날 수 없다. 모든 존재의 모태인 땅이 없으면, 그 어떤 것도 형태를 지닐 수 없다. 그렇다면, 하늘과 땅이 모든 존재를 풍족하게 만드는 것인가? 만물이 하늘과 땅을 풍족하게 만드는 것인가? 이미 부모가 풍족하게 지니고 있는 것을, 다시 풍족하게 더해 주는 것은, 진정으로 풍족하게 만드는 작업이 아니다!

그럼 무엇을 해야 한단 말인가? 할 일은 많다. 부모가 자식에게, 자식이 부모에게 해야 할 권리와 의무는 여러 가지가 있다. 『양웅법언』이 강조하는 언표 한두 가지를 발췌해 본다.

어떤 사람이 물었다.

"자식이 자신은 저가의 거친 음식을 먹고, 값싼 허름한 옷을 걸치고 있으면서, 부모에게는 고가의 좋은 음식을 대접하고, 값비싼 명품 옷을 선물하는 일이 있습니다. 이 사람은 '효심이 깊은 사람'이라는 평판이나 명성을 얻으려고 하는 것입니까? 어떤 사람은 그런 방법의 효도는 위선(僞善)이라고 꼬집기도 하는데, 어떻게 생각하시는지요?"

양자가 답한다.

"여기, 열심히 공부하며 바르게 살아가는 사람이 있다고 합시다. 그가 돈이 없어 허름한 옷을 빌려 입고, 책 살 돈이 없어 책을 빌려 보는데, 3개월이 지나도록 돌려주지 않았다고 해서, 그를 열심히 살아가지 않는 사람이라고 함부로 얘기할 수 있겠습니까? 정말, 쉽지 않은 문제입니다!"

어떤 사람이 다시 물었다.

"그렇다면 무엇으로, 인생의 참과 거짓, 즉 진실(眞實)과 허위(虛僞)를 분별할 수 있을까요?"

이 지점에서 양자의 진정성이 드러난다. 『양자법언』은 간절하게 요청한다.

"사람들이 보는 앞에서는 인간의 도리를 행하고, 사람들이 보지 않는 곳에서는 그것에 관심이 없는, 때로는 인간의 도리를 어기는, 그런 것을 위선이라고 합니다. 한마디로 허위에 가득 찬 인간이지요. 한 인물이 어떤 존재인지는, 그 사람이 '무엇을 어떻게 실천하는가? 또는 실행하지 않는가?'를 자세하게 살피면, 알 수 있습니다. 그것뿐입니다."

인간을 자세히 관찰하시라!
관인작철(觀人作輟)!

그는 무엇을 하고, 무엇을 하지 않는가? 인간이 자신의 품격을 높여 가는 작업은, 이런 간략한 기준과 원칙 가운데 녹아든다.

어떤 사람이 물었다.

"최고의 인격자는, 하늘이 변화하고 땅이 각종 현상을 일으키는 것을, 인생에서 주요한 문제로 삼습니까?"

『양자법언』은 말한다.

"인간의 품격을 제대로 갖춘 인격자는, 자신의 덕을 닦는 일에 온몸으로 힘씁니다. 마음을 다합니다. 하늘과 땅의 변화에 관심을 두는 것은, 그다음의 일입니다. 평소에 덕을 닦는 것이 삶의 중심입니다. 천지자연과 주변 환경의 변이를 만나 허둥대며, 삶의 문제를 다잡는 일은 부차적인 것입니다. 부차적인 것이라고 소홀히 해서는 안 됩니다. 인생은, 중심으로서 핵심과 주변의 부차적인 문제를 함께 바르게 조절해야 합니다. 그렇지 않고서, 인생을 보람차게 사는 사람은 없습니다!

평소에 덕을 닦는 일을 근본으로, 특이한 사안을 보고 덕을 닦는 일을 말단으로!
상수덕본(常修德本), 이수덕말(異修德末)!

『문심조룡(文心雕龍)』 – 삶과 문장의 품격

문장(文章)은, 인간의 문화나 문명을 언어로 표현하는, 삶의 표상이다. 동아시아에는 아주 오래된, 문장에 관한 학술적 논의가 진지하게 이루어져 왔다. 그 기록의 총체가 『문심조룡』이라는 고전이다.

『문심조룡』 제1편 「원도(原道)」의 첫대목은 다음과 같이 기록하고 있다.

문장이 지닌 품격은 정말 크다. 이것이 우주 자연과 더불어 생성한다고 하는데 어째서인가? 가물거리는 모습의 저 하늘과 황토색의 땅빛이 서로 뒤섞이고, 모난 꼴의 땅과 둥근 꼴의 하늘이 그 모습을 나누고 있다. 낮의 해와 밤의 달은 구슬을 이어 놓은 듯 하늘에 드리워져 그 자태를 뽐낸다. 산천은 아름다운 빛을 띠고, 땅의 모양을 다채롭게 꾸미고 있다. 이것이 우주 자연의 문채(文彩)인 '우주의 무늬', '자연의 결'이다.

위로 우러러보는 하늘에서는 해와 달이 발산하는 빛을 보고, 아래로 굽어보는 땅에서는 땅이 머금고 있는 사물을 살펴, 하늘과 땅이 높고 낮게 제자리를 정했다. 그러므로 하늘의 특징인 양(陽)과 땅의 특징인 음(陰)이 생겨나게 되었다. 인간만이 우주 자연의 운행에 참여할 수 있다. 우주 자연의 본성과 신비스런 영혼을 기본적으로 갖추었기 때문에, 하늘과 땅과 더불어 인간은 '천(天) · 지(地) · 인(人)'의 삼재(三才)라고 한다. 인간은 만물을 형성하는 근원적 힘인 '금(金) · 목(木) · 수(水) · 화(火) · 토(土)'의 오행(五行)가운데 최고의 자리에 있고, 실제로 우주 자연으로서 천지(天地)의 마음을 대표한다.

천지의 마음이 생겨나면서 말이 이루어지고, 말이 이루어지면서 문장이 밝게 드러난다. 이것이 우주 자연에서 인간으로 이어지는 자연스러운 삶의 방식이다.
천지심생(天地心生), 언립문명(言立文明), 자연지도(自然之道)!

『문심조룡』의 시작은 우주 자연과 인간 사회의 관계 문제를 다루고 있다. 이유는 간단하다. 인간의 마음을 담은 문장의 탄생은 어떻게 이루어지는가? 그것을 설명해야 하기 때문이다.

고대 동아시아인의 사유에는 우주 자연과 인간 사회가 함께 호흡하는 '동체의식(同體意識)'이 담겨 있다. 그것이 이른바 '천인합일(天人合一)'이다. 우주 자연은 다채로운 문채(文彩)로 자신의 마음을 표현한다. 이를 이어받아 우주적 삶에 함께 참여하는 인간도 자연스럽게 자신의 마음을 담은 문장을 세상에 드러내게 마련이다.

사람이 그려 나가며, 삶을 가꾸는, '인간 사회의 무늬'가 그것이다.

왕수인의 『전습록』 - 양심 확인과 표출 노력

왕수인(王守仁), 즉 왕양명(王陽明)의 사상은, 흔히 주희(朱熹: 朱子)와 대비하여 논의하는 경우가 많다. 주자는 송대(宋代)의 학자이고, 양명은 명대(明代)의 학자이다. 시대 차이가 있음에도 불구하고, 극단적으로 비교할 경우, 주자는 관념이나 이론에 치중하고, 양명은 실천에 주안점을 둔 학자로 정돈하기도 한다.

어쨌건, 주자는 '성즉리(性卽理)' 왕양명은 '심즉리(心卽理)'의 사유로 특정 하는 경우도 있다. 양명은 사상을 펼치는 과정에서 '마음[心]'을 지나치게 강조하다가 불교적 색채를 띤다고 의심받기도 했다. '사상마련(事上磨鍊)'과 같이, '어떤 사안에 임하여 일을 처리하는 즉각 조치'로, 실제와 실천의 직접성을 드러내기도 했다. 그것은 분명, 농업처럼 순환의 질서 가운데 진지하게 생각해야 할 사안보다는, 상공업이나 전쟁과 같은 혼란스러우면서도 긴박한 시기에 적절할 수 있는 사유 양식을 지녔다.

하지만, 그의 사상 가운데 중요한 영역을 차지하는 '양지(良知)'의 문제, 즉 마음의 본체를 이해하는 방식은 왕양명의 철학을 이해하는 단초를 제공한다. '양지'는 맹자가 말한 것이지만, 양명은 '한 사람이 가지고 있는 옳고 그름을 판단하는 마음'이라고 했다. 이른바 '시비지심(是非之心)'을 뜻한다.

양명은 『전습록』에는 '양지', 즉 '마음의 본체'가 어떤 의미로 자리하는지 구체적으로 기록한다.

아이가 엄마 뱃속에 있을 때, 그것은 순순한 기(氣)의 상태다. 그런데 어떻게 지식을 소유할 수 있겠는가? 태어난 후에야 울기 시작할 수 있고, 그다음에 웃으며, 한참 지난 후에 부모 형제를 알아보고, 일어서고, 걸음마를 떼고, 물건을 잡고, 등에 물건을 짊어지고, 나중에는 세상의 여러 일을 할 수 있게 된다. 이 모든 것은 정기(精氣)가 조금씩 충족되고, 근력이 점차 강해져, 인간으로서 총명함이 발달되어 가면서 이루어진다. 이는 결코 태어날 때부터 갖추어지거나 성취된 것이 아니다.

이런 점에서 양명이 말하는 '양지'는, 타고 나면서 지닌 생득적 지식을 뜻하지는 않는 것 같다. 그런데 헷갈리는 지점이 있다. 『전습록』의 다른 구절에서 양명은 분명히 말한다.

양지(良知)는 어린아이 때부터 모든 사람이 갖추고 있다!

이 모순적 발언을 어떻게 이해해야 할까? 이때 양지는 마음의 본체로서 마음 자체이고, 그 활용은 경험과 성장을 통해 발달되는 걸까? 어쩌면, 마음의 본질과 현상을 하나로 동일하여 이해하는 과정에서, 착한 마음에 이르려는, '치양지(致良知)'의 융합적 사유를 제시한 것은 아닐까?

『노자도덕경』의 현묘(玄妙) – 오묘함과 광대함

노자의 『도덕경』은 공자의 『논어』와 더불어 동아시아 사상의 두 축을 형성한다. 『도덕경』은 도가(道家), 『논어』는 유가(儒家)의 으뜸 경전으로 사유의 진폭을 형성한다. 그런데 『도덕경』은 그 첫대목부터 너무나 오묘하고 광대한 사유들이 돌출되어, 사람들의 생각을 복잡미묘하게 들어 올린다.

도(道)를 도라고 말하면, 늘 그러한 길이 아니다.
명(名)을 명이라 말하면, 늘 그러한 이름이 아니다.
무(無)는 하늘과 땅의 태초다.
유(有)는 모든 사물의 모태다.
그러므로 무(無)는 늘 그 오묘함을 보려 한다.
유(有)는 늘 광대한 끝없음을 보려 한다.
이 두 가지는 본래 같다. 하지만 세상에 나오면서 이름을 달리했다.
그런 만큼 원초적으로 통합된 모습을 현(玄)이라 일컫는다.
현(玄)으로 빚어지고 또 현한 것이, 온갖 오묘함의 문이다.

우주 자연의 이치나 인간 사회의 법칙을, 똑 같은 이치나 법칙으로 고정시키면, 언제 어디서나 통하는 동일한 이치가 아니다. 세상에 존재하는 사물의 이름을, 똑같은 이름으로 정해 부르면, 언제 어디서나 통하는 동일한 이름이 아니다.

아무것도 없는 상태는, 하늘과 땅이 처음 열리는 모습이 어떠한 지를 상징한다. 무언가 생겨 있는 상태는, 세상 모든 사물의 바탕이 되는 모양이 어떠한지 표상한다. 그러므로 아무것도 없는 상태에서는, 늘 그것이 무언지를 알 수 없는 만큼, 오묘한 모습을 파악하려고 한다. 무언가 생겨 있는 상태에서는, 늘 그것이 얼마나 펼쳐져 있는지, 끝없는 광경을 장악하려고 한다.

아무것도 없는 상태이건 무언가 생긴 상태이건, 이 두 가지는 이치나 이름을 붙이기 이전에는 동일한 양상이다. 인간 사회에 나오면서 다른 이름으로 부르게 되었다. 어떻게 부르건, 둘 다 가물가물거리는 양태로 다가올 뿐이다. 가물가물거리게 보이고, 또 가물가물거리면서도, 온갖 오묘함이 빨려 들어가는 듯한 무한 소통의 문이다.

도가도비상도(道可道非常道)!
중묘지문(衆妙之門)!

『장자』의 도(道) – 존재의 충만

『장자(莊子)』「지북유(知北遊)」에 다음과 같은 의미심장한 대화가 등장한다.

동곽자가 장자에게 물었다.

"이른바, '도'라는 것이 어디에 있습니까?"

장자가 말했다.

"없는 곳이 없소!"

동곽자: "도가 있는 곳을 분명히 가리켜 주십시오."

장자: "땅 강아지나 개미에게도 있소!"

동곽자: "어째서 그런 하찮은 것에 있습니까?"

장자: "돌피나 피에도 있소!"

동곽자: "어째서 점점 더 하찮은 사물에도 있다고 낮춥니까?"

장자: "기와나 벽돌에도 있소!"

동곽자: "어째서 그렇게 차츰 더 심하게 내려갑니까?"

장자: "똥이나 오줌에도 있소!"

동곽자가 말문이 막혀 아무 대꾸도 하지 못했다.

장자가 말했다.

"당신의 질문은 본디부터 본질에 미치지 못했소!

장터를 관장하는 벼슬아치가 감독자에게, 돼지를 밟게 하여 돼지에 대해 물을 때도, 엉덩이나 다리 쪽 아래로 내려갈수록 잘 알 수 있는 것이오.

당신은 도가 어디에 있다고 한정해서도, 도가 사물과 동떨어졌다고 해서도 안 되오!

최고의 도는 이와 같으며, 위대한 말도 마찬가지라오!

'주(周)'·'편(遍)'·'함(咸)' 이 세 글자는 이름은 다르지만, 실제 뜻은 같소! 이처럼 '도(道)'라는 것은 어디에나 있는데, 그 뜻은 하나로 꿰뚫려 있소이다!"

> 여유막필(汝唯莫必), 무호도물(无乎逃物)! 이명동실(異名同實), 기지일야(其指一也)!

우주 자연의 도(道)는 형체가 없다. 인간의 이목구비(耳目口鼻)와 같이 오감으로 느끼는, 한정된 감각의 측면이 아니다. 머리로만 생각하는, 이성적 측면에 머무는 형태도 아니다. 인간의 이성과 감성에 국한된 인식의 세계를 초월한다.

그것은 보이지 않는 형태로 모든 사물에 깃들어 있다. 일반적으로 사람들이 느끼는, 거대한 그 무엇을, 초월한다. 모든 존재에, 나름대로 자재(自在)하는 자연성이다. 그러기에 도는 모든 존재에 충만해 있다.

『전국책(戰國策)』 ① - 유세객(遊說客)들의 정치 무대

인류의 역사는 다양하게 표현된다. '도전과 응전'이라고도 했고 '계급투쟁'이라고도 했다. 또 어떤 사람은 '약육강식(弱肉强食)의 전개 과정'이라고도 했다. 이 무엇을 의미할까? 적자생존(適者生存)의 논리가 끊임없이 강화되는, 사회라는 수레바퀴를 굴리는 걸까? 특히, 난세(亂世)를 살아가기 위해서는 역경(逆境)을 극복하기 위한 신중한 방법이 요청된다.

중국 역사상, 난세 가운데 난세는, 말 그대로 '전국(戰國)'시대였다. 극심한 혼돈을 체험했던 당대의 영웅호걸들은 난세를 건너는 다양한 방법을 제공했다. 그 생생한 기록이 바로 『전국책』이다. 전국시대에 들어서면서 유세객들의 활동이 눈에 띄게 두드러지기 시작했다. 『전국책』은 그들의 활약상을 그린 대하드라마다.

전국시대는 주(周)나라 왕조가 제도화한 봉건제도가 무너지면서, 주나라의 권위가 실추되고 정치권력을 상실하게 되면서, 강대한 제후들, 이른바 '칠웅(七雄: 秦·楚·齊·燕·趙·魏·韓)'이 패권을 다투던 시대다. 각 나라는 부국강병책을 내세우며 권력투쟁과 무력 공세로 약육강식의 시대를 정당화했다. 이 시기에 주나라 왕실은 거의 그 존재를 인정받지 못했다. 단지, 천자(天子)의 상징으로서, 구정(九鼎)을 보유하고 있는 하나의 임금 자리가 명목상으로 인정되었다.

전쟁의 소용돌이를 거쳐 전국 칠웅이 정립된 후, 영토 확장을 위한 투쟁은 점점 치열해졌다. 전쟁의 일상화가 상식처럼 되었다. 하지만 칠웅들도 잘 알고 있었다. 무력 전쟁은 국력의 피폐를 가져온다는 것을.

따라서 그들은 가능한 한 무력행사를 피했다. 승패여하를 막론하고, 그것은 부국강병의 국시(國是)에도 위배되고, 다른 나라가 개입할 구실을 주기 때문이다. 그러기에 각국의 제후는 위기와 난국에 처했을 때, 평화적 외교 교섭을 통해, 상황을 타개하려고 갖가지 수법을 동원하였다. 세객(說客)과 책사(策士)들이 활동할 수 있는 무대가 제공된 것이다.

세객이나 책사는 실제적 지혜가 풍부하고 말재주가 탁월했다. 이들 가운데는 서민계급 출신이 많았다. 사회의 밑바닥에서 생활하던 평민이 재상과 장수를 꿈꾸며, 열정적으로 활약했다. 왕조 중심의 입장에 선 사람들, 이른바 귀족이나 지배층들에게, 이런 전쟁의 혼란은 세기말적 암흑의 시대로 인식될 수도 있었다. 하지만 서민 중심으로 시각을 전환하면, 전국시대는 '개천에서 용이 날 수 있는', 광명과 활기가 가득한 시대이기도 했다. 이런 점에서 혼란은 새로운 희망을 내비친다.

『전국책(戰國策)』 ② – 유세 웅변의 힘

인간의 삶은, 때로는, 세 치 혀에 의해 좌우되기도 한다. 그만큼 말은 중요하다. 속담에 전해 오듯이, "한 마디 말이 천 냥 빚을 갚는다!" 『전국책』에 보이는 수많은 유세도, 그런 세 치 혀의 결과와 말의 힘이 어떤지를 보여 준다.

세객(說客)과 책사(策士)들은 임금과 제후를 설득하기 위해, 온갖 권모술수(權謀術數)를 동원했다. 그러기에 『전국책』은, 다름 아닌 권모술수의 웅변을 담은 대서사시다. 때로는 궤변(詭辯)과 사술(詐術)로 가득 차 있기에, 일부 학자로부터 '기록이 천박하고 야비하다!'라는 비난을 듣기도 했다. 그러나 시대상을 고려하여, 어떻게 독해하느냐에 따라, 그 기록은 다르게 평가된다.

주희(朱熹)는 "영위(英偉)의 기풍이 있다!"라고 높이 평가했다. 즉 『전국책』의 기록은 왕후장상(王侯將相)을 바라는, 웅대한 꿈을 품은 야심가들의 언표이기에, 그만큼 영명하고 위대한 풍격을 보여 주는 문장을 담고, 사람의 마음을 강하게 뒤흔드는 힘이 있다는 것이다. 뿐만이 아니다. 명나라 때의 학자 호여가(胡汝嘉)는 "사람들이 『전국책』의 기록을 숙독하며 완상하면, 심신의 먼지를 씻어 주고 마음 깊은 곳에서 인품을 바꾸게 만든다!"라며 절찬을 아끼지 않았다. 그것은 인간의 몸가짐을 단정하게 만들고, 마음을 깨끗하게 바꿔 줄 정도로, 멋진 내용을 담고 있다는 의미다.

무엇보다도 『전국책』의 특징 가운데 하나는, '문장이 탁월하다'라는 점이다. 그런 만큼 사람들은 다음과 같이 평가해 왔다.

사마천의 광활하고 섬세한 역사 기록인 『사기』는, 다름 아닌
『전국책』을 본보기로 썼다!
소동파의 웅장하고 거침없는 문장은, 『전국책』에 근원을 두고
있다!
특히, 사마천의 「사기열전」 가운데 전국시대의 인물을 다룬 기록은, 대부분이 『전국책』을 참고로 다시 썼다!

이런 평가는 『전국책』이 단순한 유세 기록을 넘어, '역사의 보고(寶庫)'라는 점을 증명한다.

가만히 생각해 보면, 유세 웅변의 힘은 단순한 말장난이 아니다. 역사적 사실과 인물평, 그리고 인간 사회의 역동성을 교훈으로 승화한다. 이는 인간이 가꾸어 온 삶의 열정을 반영한다.

다시 엮어 본다. '한 마디 말이 천 냥 빚을 갚는다!' 때로는 '한 마디 말이 패가망신(敗家亡身)의 원인을 제공한다!' 어쩌면, 우리가 사용하는 말, 그 유세 웅변의 힘은, 이 두 구절 사이를 가로지르며, 오늘도 달리고 있을지 모른다.

『전국책(戰國策)』 ③ – 서문의 끝자락과 마지막 기록

어떤 글이건, 글을 여는 '서문(序文)'과 글을 닫으며 '마지막을 장식하는 내용'은, 그 글이 던지는 메시지를 상징적으로 보여 주는 경우가 많다. 『전국책』의 '서문' 말미에는 다음과 같은 기록으로 독자들을 인도한다.

전국시대 군주들은 제멋대로 제 분수에 넘치게 스스로를 임금이라고 불렀다. 이른바 참칭(僭稱)이다. 그런 만큼 그들의 인품은 천박했다. 그런 군주를 위해 정책을 세우는 사람인 유세객들은, 정세를 보고 판단 자료로 삼고, 시세에 따라 계책을 꾸몄다. 그러기에 위급한 상황에서도 버티며 견뎌 내고, 뒤집어지는 사태에서도 지탱해 내기 위해, 수단 방법을 가리지 않고, 계책이나 책모가 제시되었다. 그것은 나라의 특성에 맞게 차분하게 정치를 구현해 나가면서, 백성을 교화하는 데 사용된 방법이 아니었다. 특히, 무력행사는 위급한 상황을 구해 내기 위한 도구였을 뿐이었다. 이런 유세를 어떻게 보아야 할 것인가? 유세에 앞장선 뛰어난 인재들은 고심했다. 그때그때마다, 상황에 적합한, 군주의 능력으로 실행할 수 있는 범위를 판단해야 했다. 기발한 아이디어와 지혜를 짜내어, 위급한 상황을 안정된 상황으로 전환하고, 멸망해 가는 나라를 안정시켜 존속시키는 데 온 힘을 기울였다. 말 한마디가 나라의 존망(存亡)을 결정할 정도였다. 그러기에 『전국책』의 내용은 나름대로의 장점이 있고, 읽어 볼 가치가 있다!

또한, 그 마지막 기록을 장식하는, '신부(新婦)의 말'이 삶의 대처 방식을 고민하게 만든다.

위나라 사람이 신부를 맞이했다. 신부는 출영(出迎)수레를 타자 마부(馬夫)에게 물었다.
"저 곁말은 누구의 것입니까?"
마부가 말했다.
"빌려 온 말입니다."
신부가 말했다.
"곁말은 세게 쳐도 되지만, 중간에 있는 말은 세게 치면 안 돼요!"
수레가 신랑 집 문 앞에 이르자, 신부는 부축을 받으며 내리면서 하녀에게 말했다.
"곧 부엌의 불을 꺼라. 화재가 날지도 모르니."
집안에 들어가서는 마당에 있던 절구를 가리키며 하녀에게 말했다.
"창가로 옮겨 놓아라. 드나드는 데 방해가 되니까."
주인은 이를 보고 웃었다. 신부가 말한 이 세 가지는 모두 중요한 지적이다.
그런데 왜 비웃음을 샀을까? 말해야 할 때를 가리지 못했기 때문이다.
조만지시(蚤晩之時), 실야(失也)!

말해야 할 때 말하지 않는 것은 불충(不忠)이다. 또한 말하지 말아야 할 때 말하는 것은 자해(自害)이다.

그렇다면, 삶의 산전수전과 같은 여정에서, 어떻게 말을 해야 할까? 이것이 오늘을 사는 인간에게, 『전국책』이 던지는 메시지다.

『손자병법(孫子兵法)』「계(計)」 – 투쟁의 존재 이유

『손자병법』은 우리에게 너무나 익숙한 고전이다. '병법(兵法)'을 다룬 고전이기 때문에, '전쟁에서 전략'이나 '군사를 운용하는 전술' 정도로 이해하기 쉽다. 하지만 세상이 거대한 전쟁터이고, 인생 자체를 다양한 전투의 장으로 인식한다면, 『병법』에 관한 이해를 달리할 수 있다. 그렇다고 단순한 차원의 '처세술(處世術)'로만 인식한다면, 『손자병법』을 고민한 선인들의 지혜에 대한 무례(無禮)가 아닐까!

『손자병법』 첫 번째 대목인 「계」에는 군사에 관한 일, 즉 병(兵)에 대해 다음과 같이 의미를 부여한다.

> 군사에 관한 일은 나라에서 행하는 정책 가운데 큰 사안이다. 인간 사회의 죽음과 삶에 관한 지평이자, 나라의 존속과 멸망의 길을 지시한다. 그러기에 신중하게 살펴서 처리해야 한다!
> 병자(兵者), 국지대사야(國之大事也). 사생지지(死生之地), 존망지도(存亡之道), 불가불찰야(不可不察也)!

갑골문(甲骨文)에 의하면, '병(兵)'은 '두 손으로 도끼와 같은 모습의 도구를 잡은 형태'의 글자다. 다름 아닌 '무기'를 의미한다. 그것이 군사나 군대, 전쟁을 뜻하는 글자로 의미가 확장되었다.

동서고금을 막론하고, 전쟁은 나라와 나라 사이에 가장 큰 갈등이자 싸움을 의미한다. 그러므로 '대사(大事)'다. 나라에서 벌어질 수 있는, 가장 큰 일이다. 그런데 '사생지지–삶과 죽음의 근거'이자 '존망지도-존속과 멸망의 방식'이라니! 인간 사회에서 최고의 두려움을 안겨 주는 언표! 여기에서 대사(大事)와 사생(死生)과 존망(存亡)을 어떻게 이해해야 할까? 간략하게 생각해 본다.

'대사(大事)'는 '국가'적 차원의 거대 사안이고, '사생(死生)'은 '개인'적 측면에서 인생의 존재 이유, '존망(存亡)'은 '사회'적 차원의 지속 가능성으로 안배하면 무리일까? 인간의 삶이 어디에 자리할까? 국가 아닌가? 나라를 보호막으로 삼아, 삶과 죽음, 존속과 멸망의 사이 세계에서, 개인과 공동체는 어떤 자세를 취해야 하는가? 전쟁터 같은 세상에서 각개(各個) 또는 지역(地域)별 전투를 벌이기 위한 작전(作戰)이 인생 아닌가!

『채근담(菜根譚)』 ① – 청고(淸苦)를 겪은 단련(鍛鍊)

인생의 희로애락(喜怒哀樂)과 산전수전(山戰水戰)이 누구에게는 없으랴! 삶의 지침서로서 『채근담』은, 『명심보감』 못지않게 널리 알려져 있다. 자세히 맛보며 읽을수록, 묘미가 더해지는 고전이다. '채근담(菜根譚)'이라는 책의 명칭은, 송나라 때의 유학자인 왕신민(汪信民)의 글 가운데, "인상교득채근(人常咬得菜根), 즉백사가주(則百事可做)!"에 기원을 두고 있다.

'인상교득채근(人常咬得菜根), 즉백사가주(則百事可做)!' 이를 한글로 풀이하면, "사람이 늘 나물[풀] 뿌리를 씹을 수 있다면, 어떤 일이건 해낼 수 있다!"라는 말이다. 맛있는 음식을 구하지 않고, 항상 풀뿌리와 같은 거친 음식을 달게 여기며 사는 사람은, 어떤 일을 하건 극복하며 성취할 수 있다는 뜻이다. 즉 인생에서 빈곤한 시절이나 고난의 세월을 견뎌 내는 삶을 의미한다. 보다 깊게 이해하여 해석하면, 풀뿌리는 본래 딱딱하고 힘줄과 같은 섬유질이 많다. 따라서 뿌리를 잘 씹는다는 것은 사물의 참맛을 알 수 있는 사람을 지칭하기도 한다. 인생의 참맛을 아는 존재라고나 할까!

『채근담』의 저자로 알려진 홍자성이 어떤 사람인지는 분명하지 않다. 다만, 친구인 우공겸(于孔兼)이 쓴 제사(題詞)를 통해, 그가 16세기 후반부에 살았던 사람으로 추측된다. 우공겸은 홍자성의 글을 다음과 같이 평가했다.

우주 자연의 질서와 원리를 논의한 것은 현묘한 경지에 이르렸고, 인간 사회의 법칙을 말하는 것은 간곡하게 구석구석 모두 밝혔다. 하늘을 우러르고 땅을 굽어보는 데 가슴이 확 트이고, 속세의 공명(功名)이 티끌처럼 작아져, 그의 식견과 취미가 어느 정도로 고원(高遠)함을 알겠다! …… 그 스스로가 고난을 겪고 단련하는 가운데 썼고, 스스로 심고 물 주고 가꾸는 가운데 얻은 저술이다. 얼마나 세상의 풍파에 시달리고, 인생행로에 험난함을 맛보았는지 상상할 수 있겠다.

홍자성은 『채근담』에서 이렇게 자신의 인생을 묘사했다.

하늘이 내 몸을 수고롭게 한다면, 나는 내 마음을 편안하게 하여 이를 보충하리라.
하늘이 나의 처지를 곤궁하게 만들면, 나는 나의 길을 열어 터 나가리라!
천노아이형(天勞我以形), 오일오심이보지(吾逸吾心以補之).
천액아이우(天阨我以遇), 오형오도이통지(吾亨吾道以通之)!

인생의 각오가 의기충천(義氣衝天)하다. 그런 의기(義氣)가 이런 대작을 탄생시켰으리라!

내 운명이 몸을 고달프게 만드는 것이라면, 나는 마음을 편안하게 갖고 고달픔을 채워 가리라. 운명이 내 처지를 역경으로 몰아넣는다면, 나는 내 길을 찾아 고난을 극복해 가리라!

『채근담(菜根譚)』 ② – 만족의 요건

『채근담』의 마지막은 의미심장을 더하는 귀한 구절로 세상을 향해 포효한다. 그것은 인생을 만족(滿足)으로 인도하려는 열정이다. 그런 긍정의 힘이 세상을 살만한 곳으로 아름답게 포장한다.

홍자성은 일갈(一喝)한다.

> 불교에서 말하는 '수연(隨緣: 인연에 따라 가다)'과 유교에서 말하는 '소위(素位: 본래의 자리, 즉 본분에 따르다)', 이 네 글자[隨緣素位]는 바다를 건널 때 쓰는 부낭(浮囊: 구명 기구)과도 같다.
> 이 세상을 건너는 길은 아득히 멀다. 오로지 한 생각으로 온전함을 추구해 나가면, 여러 갈래로 나눠진 마음의 실마리가 어지럽게 일어나지는 않는다.
> 자신의 처지에 따라 편안히 마음먹고 실천해 나가면, 하는 일마다 달성하지 못하는 일이 없으리라!
> 석씨수연(釋氏隨緣), 오유소위(吾儒素位), 사자시도해적부낭(四字是渡海的浮囊).
> 개세로망망(蓋世路茫茫), 일념구전(一念求全), 즉만서분기(則萬緒紛起).
> 수우이안(隨寓而安), 즉무입부득의(則無入不得矣)!"

불교는 '수연(隨緣)'을 사유의 중심에 둔다. 이른바 연기설(緣起說)이다. '12연기'라는 인연에 따라, 일을 처리하거나 처신한다는 의미를 중시한다. 유교에서는 '소위(素位)'를 강조한다. 자신의 본분을 지키고,

현재 자기의 지위와 신분에 맞게 처신할 것을 요청한다. '소위'는 『중용』에서 "군자, 소기위이행(君子, 素其位而行)!—교양을 갖춘 사람은 자기의 처지에 따라 할 일을 실천할 뿐이다!"라는 언표에서, 그 의미를 드러낸다. 부귀에 처해서는 부귀한 자가 해야 할 일을 실천하고, 빈천에 처해서는 빈천한 자가 해야 할 일을 실천하며, 환란에 처해서는 환란 상황에서 해야 할 일을 처리하면 된다. 이렇게 자신의 처지에서 본분을 실천할 때, 교양을 갖춘 사람은 어떤 상황에서도 스스로 만족하지 못하는 일이 없다!

인생이라는 바다를 건널 때, 길은 아득히 멀고 욕망을 한없이 끓어댄다. 어떻게 할 것인가? 현재 내 앞에 놓인 처지를 두루 살펴라. 부귀하면 부귀한 대로, 빈천하면 빈천한 대로, 즐거우면 즐거운 대로, 슬프면 슬픈 대로, 희로애락(喜怒哀樂)과 풍찬노숙(風餐露宿)을 가슴에 품어라. 어떤 처지에서건 마음의 평안을 딛고, 인생을 즐기시라!

『고문진보(古文眞寶)』의 시작 – 학문 권장

『고문진보』는 한문(漢文)을 익히는 초학자들에게는 필수 교재로 인식되어 왔다. 그만큼 주옥같은 문장들이 실려 있다. 책의 명칭을 『고문진보(古文眞寶)』라고 한 것은, 문자 그대로 '옛 문장 가운데 참된 보배'를 선별하여 실었다는 의미다. 다시 말하면, 고풍(古風)의 문체(文體) 가운데 핵심이 될 만한 것을 편집한 글이다.

중국의 한(漢)나라 이후, 위(魏) · 진(晉) · 송(宋) · 제(齊) · 양(梁) · 진(陳) · 수(隋), 그리고 당(唐)나라 이전까지 800여 년을 거치면서 시문(詩文)의 양식이 많이 바뀌었다. 문장을 아름답게 꾸미는 데만 치중하여, 글의 내용이 빈약해지고 사상이 퇴폐하게 되었다. 이른바 '사륙병려체(四六駢儷體)'라는, 네 글자 또는 여섯 글자의 대구(對句)를 써서, 외형을 화려하게 꾸미는 형태로 드러났다. 그런 형식의 글은, 짜임새 있고 화려한 형식을 갖추는 대신, 사상[내용]을 구속하는 폐단을 낳았다.

이에 당나라 때, 한유(韓愈) · 유종원(柳宗元) 등이 고문으로 복귀하려는 운동을 벌이고, 『시경』의 문학 정신과 선진 시대의 사상이 담긴 문장을 숭상하게 되었다. 그 과정에서 고문을 존중하는 기운이 싹텄고, 고문 학습을 위한 교재가 만들어졌다. 그것이 『고문진보』라는 고전이고, 그 가치가 현재까지 전해지고 있는 것이다.

『고문진보』(前集–詩篇)의 첫 번째 글은, 「진종황제 권학(眞宗皇帝勸學)」으로, 학문을 권장하기 위한 황제의 호소로부터 시작한다. 두 번째 글은 「백낙천 권학문(白樂天 勸學文)」이고, 세 번째 글은 「주문공 권학문(朱文公 勸學文)」이다. 백낙천의 「권학문」은 학문(學問)을 농경(農耕)에 비유하여 노래한 명문장이다.

밭이 있어도 갈지 않으면 곳간은 비고,
책이 있어도 가르치지 않으면 자손은 어리석으리라!
곳간이 비면 인생살이가 구차하고,
자손이 어리석으면 예의가 바르지 않으리라!
밭 갈지 않고 글 가르치지 않음은,
부모와 형의 잘못이리라!
유전불경창름허(有田不耕倉廩虛),
유서불교자손우(有書不敎子孫愚)!
창름허혜세월핍(倉廩虛兮歲月乏),
자손우혜예의소(子孫愚兮禮義疎)!
약유불경여불교(若有不耕與不敎),
시내부형지과여(是乃父兄之過歟)!

농사를 제대로 짓지 않으면 수확량이 없는 만큼 창고가 비듯이, 학문을 제대로 하지 않으면 자손이 어리석게 마련이다. 집안의 창고가 비면 생활이 곤란하듯이, 자손이 어리석으면 세상을 살아가기 위한 사회의 윤리를 알지 못한다. 인생을 살아가는 교양을 일러 주지 않는 것은 부모나 형·언니·누나의 잘못이다.

『고문진보(古文眞寶)』「귀거래사」 – 돌아오는 기쁨

『고문진보』(後集–文編)의 첫 번째 글은 한 무제(漢 武帝)의 「추풍사(秋風辭)」이고, 두 번째 글은 굴원(屈原)의 「어부사(漁父辭)」이며, 세 번째 글은 도연명(陶淵明)의 「귀거래사(歸去來辭)」이다.

특히, 「귀거래사」는 도연명이 관직을 사직하고 집으로 돌아올 때, 상쾌한 마음을 적은 명문장이다. 한문을 하는 사람들에게 널리 회자되는 글이기도 하다. 앞 구절을 간단하게 소개한다.

돌아가자!
전원이 잡초로 뒤덮이려 하니, 어찌 돌아가지 않으랴!
이미 마음으로부터 몸을 부리고 있으니, 어찌 근심하여 홀로 슬퍼할 것이 있으랴!
지난 일은 고칠 수 없음을 깨닫고, 오는 날은 쫓아서 이룰 수 있음을 알았노라!
실로 길은 헤매게 했으나 그리 멀지 않았으니, 이제부터는 옳고 어제까지는 글렀음을 알겠더라!
귀거래혜(歸去來兮)!
전원장무(田園將蕪), 호불귀(胡不歸)!
기자이심위형역(旣自以心爲形役), 해추창이독비(奚惆悵而獨悲)!
오이왕지불간(悟已往之不諫), 지래자지가추(知來者之可追)!
실미도기미원(實迷途其未遠), 각금시이작비(覺今是而昨非)!

도연명은 관직을 그만두고 집으로 돌아가려고 한다. 이젠, 관료가 아니라 농부가 된다. 날뛸 듯이 기쁘다. 그간 내버려뒀던 고향집의 전원! 그립고 그리웠던 공간이다. 농사를 제대로 짓지 않았으니 밭에 풀이 무성하다. 묵은 밭이 되려고 한다. 어찌 돌아가 밭을 정리하지 않겠는가! 이미 마음으로 육체를 부리고 있는데, 이 모두가 내 잘못인 것을. 어찌 근심하여 홀로 슬퍼만 하고 있겠는가! 지난 일은 뉘우쳐도 고칠 수 없다. 이제야 깨달았다. 앞으로 마주하는 일은 뒤좇아 따라 붙어 틀림없이 잘하리라. 그것을 이제야 알았다. 길을 헤매다 삶의 방향이 어긋났다 하더라도, 그리 잘못된 방향으로 간 것은 아니리라. 과거의 인생은 잘못되었다! 이제부터는 내 올바른 인생을 펼치리라!

집은 그러한 곳이다. 인생의 보금자리! 따스한 안식처다. 그러기에 집으로 돌아오는 길은 늘 즐겁고 쾌활(快活)하다. 삶의 기쁨과 즐거움이 넘치는 지상 천국! 하하하하!

『법화경(法華經)』 ① – 붓다의 어보(御寶)

불교 경전을 이해하려고 다가서다 보면, 덤벼들면 덤벼들수록 어렵게 느껴진다. 산스크리트어에서 한어(漢語)로, 그리고 다시 한글로 옮겨질 때, 재차 이입되는 사유(思惟)는, 아득하게 보이는 무상의 소리로만 느껴진다. 어쩌면, 불교적 진리에 부여되는 의미와 종교적 가치를 헤아리기란, 불가능한 일인지도 모르겠다. 말 그대로 무량수(無量壽)다.

그래도 깨달음의 길에서 도전해 보는 마음은 놓치고 싶지 않다. 불교의 3대 경전–『금강경(金剛經)』·『법화경(法華經)』·『화엄경(華嚴經)』의 하나인 『법화경』의 의미를 다시 고민해 보았다. 『법화경』은 원래 『묘법연화경(妙法蓮華經)』이라 했다. 그것은 붓다의 어보(御寶)로 일컬어져 왔다. 왕(王)이 어보를 가지고 왕의 자리에서 그 위엄을 떨치며 정치를 펴듯이, 붓다는 설법(說法)을 통해 중생에게 불교의 진리를 전승(傳承)한다. 그 궁극적이고 최상의 자리에 있는 것이 다름 아닌 『묘법연화경』이다.

엄밀하게 성찰하면, 대승불교의 여러 경전은 학식이 높은 승려(僧侶)나 불교를 전공하는 몇몇 학자들이 약간의 지식으로 깨우치고 있는지도 모른다. 나 같은 문외한은, 아무리 들여다봐도 제대로 깨닫지 못할 수도 있다. 더구나 '현세(現世)'에서 '욕망의 조절'과 '조심(操心)'을 논의하는 유교철학자가 '출세간(出世間)'의 '능단(能斷)'과 '하심(下心)'을 추구하는 불교사상을 어찌 범접할 수 있으리! 특히, 현실의 실제 생활과 동떨어진 내용이나 난해한 철학적 사유로 뒤 꼬인 구절은,

도무지 알아차릴 수가 없으니 말이다.

그래도 『법화경』은, 여러 경전 가운데 불교의 진리를 상대적으로 이해하기 쉽게 전달해 주는 것 같다. 그 만큼 경전에 담긴 내용이 불교 신앙인들 사이에 살아 숨 쉬고 있다는 의미이기도 하다. 세계문화유산인 경주 불국사의 '석가탑(釋迦塔)'과 '다보탑(多寶塔)' 때문일까? 『묘법연화경』의 「견보탑품(見寶塔品)」에서는, "설법하는 석가모니를 찬양하기 위해, 다보여래(多寶如來)가 보탑의 형상으로 솟아나 공중에 머물며 찬양한 후, 탑 내의 자리를 반으로 나누어 나란히 앉았다!"라는 장면이 나오고, 「관세음보살보문품(觀世音菩薩普門品)」에서는, "무진의보살(無盡意菩薩)이 관세음보살에게 영락을 보시하자, 관세음보살이 이를 반으로 나누고, 반은 석가모니부처에게, 나머지 반은 다보부처의 탑에 공양을 했다!"라는 장면이 등장한다.

이 『법화경』은 서기 1세기 초에 제작된 것으로 알려져 있다. 그 후 400여 년의 세월이 흐른 후, 구마라습(鳩摩羅什)이 번역한 『묘법연화경』이 현재에도 널리 읽힌다.

『법화경(法華經)』 ② - 묘법(妙法)

『묘법연화경』은 무엇을 담고 있을까? '묘법(妙法)'은 무엇이고, '연화(蓮華)'는 또 무엇인가? 문외한이, 무식한, 깨달음에 이르지 못한 존재가, 문자 그대로 읽으면, '묘법'은 그저 '오묘한 법'이다. 한글로 '묘법'이라고 말은 했으나 무슨 의미인지 알지 못한다. 불교 진리에 대한 문맹의 수준을 여실히 보여 줄 뿐이다.

신라의 고승 원효(元曉)대사의 언표에 근거하여 고민해 본다. 원효는 『법화경종요(法華經宗要)』, 즉 법화경의 핵심을 정돈하면서 다음과 같이 풀이했다.

> '묘법(妙法)'에는 네 가지 뜻이 있다. 첫째는 '교묘(巧妙)'이고, 둘째는 '승묘(勝妙)'이며, 셋째는 '미묘(微妙)'이고, 넷째는 '절묘(絶妙)'이다.

이 '교(巧)-승(勝)-미(微)-절(絶)'의 변주(變奏)에 무엇이 은거(隱居)하고 있을까?

첫째, '교묘(巧妙)'란 교묘하게 방편(方便: 중생을 구제하기 위한 수단과 방법)의 문을 열고, 교묘하게 삼승(三乘: 중생을 열반에 이르게 하는 세 가지 교법인 성문승·독각승·보살승)에 집착하는 견해를 없애고, 교묘하게 진실한 모양을 보이고, 교묘하게 하나의 슬기를 내는 것을 말한다. 『법화경』이 이런 네 가지 뜻을 이용하여 본보기가 되는 규범을 만들기 때문에 묘법이라고 한다.

둘째, '승묘(勝妙)'란 모든 불교의 진리를 제대로 펼치고, 모든 신력(神力: 붓다의 가르침을 믿고 그것에 의지하여 얻는 힘)을 제대로 드러내고, 모든 비장(秘藏: 사람들이 모르게 감추어 주거나 소중히 간직하고 있는 것)을 제대로 나타내고, 모든 심오한 일을 제대로 설명하는 것을 말한다. 『법화경』이 이런 네 가지 뜻을 가장 뛰어난 사안으로 삼기 때문에 묘법이라고 한다.

셋째, '미묘(微妙)'란 일승(一乘: 모든 중생이 부처가 될 수 있음)의 과(果: 원인에 따라 일어나는 결과)에서 모든 덕이 원만하고, 모든 더러움이 깨끗해지고, 모든 의리가 갖춰지고, 모든 세간을 구제하는 것을 말한다. 『법화경』이 이런 네 가지 뜻을 가졌기 때문에 묘법이라고 한다.

넷째, '절묘(絶妙)'란 일승(一乘)의 법상(法相: 세상 만물의 모양)은 광대하고, 심오하고, 말을 떠나고, 생각이 끊어진 것을 말한다. 『법화경』이 이런 네 가지 뜻을 담고 있기 때문에 묘법이라고 한다.

묘법에 관한 원효의 풀이를 들어도 여전히 아리송하다. 저 아리송한 논리 가운데 해답이 담기는지도 모르겠다.

『법화경(法華經)』 ③ - 연화(蓮華)

'묘법(妙法)'에 '교묘(巧妙)'-'승묘(勝妙)'-'미묘(微妙)'-'절묘(絶妙)'의 네 가지가 있다면, 연화(蓮華)는 무엇인가? 말 그대로, 그냥 '연꽃'인가?

'연화(蓮華)'를 가지고 비유할 때, 두 가지 차원이 있다. 하나는 '통(通)'이고, 다른 하나는 '별(別)'이다. '통(通)'은 말 그대로 '통째로 꿰뚫어져 있는 모양'이고, '별(別)'은 '나누어 갈라져 있는 모습'이다.

다시, '통(通)'으로 말하면, 이 연꽃은 반드시 '꽃-꽃술-꽃받침-열매' 등 네 가지를 갖추고 있다. 그 네 가지가 모여 진정으로 아름답고 예쁜 연꽃이 된다. 『법화경』이 이렇게 네 가지를 갖추고, 그것이 합해져 하나의 진리를 이루었기 때문에 묘법(妙法)이라고 한다.

'별(別)'로 말하면, 이 연꽃에는 또 네 가지 측면의 다른 뜻이 있다.

첫째는 연꽃의 종류다. 그 가운데 '분타리(分陀利: puṇḍarīka)'는 흰색의 연꽃이다. 흰 연꽃은 새하얗고 분명하다. 『법화경』은 수단[방편]으로서의 가르침을 열고, 진실로서의 궁극적 가르침을 드러낸다. 이는 '교묘(巧妙)'한 데 비유한 것이다.

둘째는 연꽃의 이름이다. 연꽃은 피기 전에는 '굴마라(屈摩羅)'라고 하고, 활짝 피어 무성할 때는 '분타리(芬陀利)'라고 하며, 떨어질 무렵에는 '가마라(迦摩羅)'라고 한다. 『법화경』은 꽃이 한창 피어 왕성할 때, 펴서 보이는 큰 작용을 나타낸다. 이는 '승묘(勝妙)'한 데 비유한 것이다.

셋째는 연꽃의 자태다. 연꽃은 진흙에 뿌리를 박고, 그 흙탕물을 떠나지 않는다. 그러면서도 조용히 향기를 내뿜는다. 화려하지도 않고 조촐하지만, 온갖 아름다움을 두루 갖춘 자태를 드러낸다. 『법화경』은 불교의 진리를 체현하는 승려들이 탁한 번뇌를 벗어나고, 생사의 바다를 떠나, 온갖 덕을 원만하게 갖추기를 염원한다. 이는 '미묘(微妙)'한 데 비유한 것이다.

넷째는 연꽃의 특성이다. 연꽃은 잎이 넓고 뿌리가 길지도 않다. 그러면서도 물방울이 묻지 않고, 티끌이 붙지 않는다. 『법화경』은 글이 광대하고 도리가 심오하여, 말을 떠나고 생각을 끊도록 인도한다. 이는 '절묘(絶妙)'한 데 비유한 것이다.

이렇게 네 가지 뜻이 모두 묘법을 지니고 있다. 때문에 이를 비유하여 『묘법연화경』이라고 했고, 간략하게 『법화경』이라 일컬었다.

『금강경』 - 마음 평정을 향한 고뇌

불교에는 수많은 경전이 있다. 그 가운데 『금강경』은 '반야공성법문(般若空性法門)'의 심오한 뜻을 담은 불법(佛法)의 정수다. 『금강경』의 제2품 「선현계청(善現啟請)」에 그려진 의미심장한 물음이, 삶의 번민(煩悶)을 주춤거리게 만든다.

> 부처님이시여! 선남선녀들로서 아뇩다라삼먁삼보리[완전한 깨달음: 지혜]의 마음을 드러낸 사람은 어떻게 살아가며, 마음가짐을 어떻게 해야 마땅합니까?
> 세존(世尊), 선남자 · 선여인(善男子 · 善女人), 발아뇩다라삼먁삼보리심(發阿耨多羅三藐三菩提心), 운하응주(云何應住)? 운하강복기심(云何降伏其心)?

참으로 해결하기 힘든 난제다. 무지하게 다시, 부처님께 감히 여쭈어 본다.

'마음의 평정은 어디에 있습니까?'

이 구절은 '부처님이시여! 보리심(菩提心)이 발현하고, 대승(大乘)의 길을 따라 들어간 사람들은, 어떻게 안주해야 마땅합니까? 어떻게 스스로의 마음을 모든 악행으로부터 조절할 수 있게 해야 합니까?'라는 의미다.

수보리(須菩提)는 선남선녀들의 '아뇩다라삼먁삼보리의 마음'에서 대승(大乘)의 '기(基) · 도(道) · 과(果)'의 문제를 제기했다. '기(基)'는 보리심이 발현한 이후, 어떻게 안주해야 하는지의 문제다. '도(道)'는 본래 어떻게 육바라밀(六波羅密)을 완전하고 원만하게 수행하는지의 문제다. '과(果)'는 어떻게 스스로의 마음을 엎드리게 하여 불도(佛道) 수행의 결과를 얻는지의 문제다. 수보리가 제기한 대승은 이 모든 내용을 포함하고 있다.

그렇다면 마음의 평정은 어디에 있을까? 현실을 살아가고 견뎌 내는 인간으로서 고뇌만이 더해지는 듯하다.

마음 바깥에 있는 경지 자체는
좋건 나쁘건
모두 우리의 고통을 유발하는
주요 원인이 아니다.

마음 바깥에 있는 경지에
집착하는 일이야말로
모든 고통의 근본 원인이다.

그러므로 고통을
철저히 제거하려면
맹목적으로
마음 바깥에 있는 경지 자체를
바꾸려는 데 손쓸 일이 아니다.

마땅히
마음의 집착을
끊는 데서 시작해야 한다.

혜능의 『육조단경』 – 선(禪)의 핵심

선종(禪宗)에서 6대조 혜능(慧能)은, 불교를 새로운 차원으로 끌어올린 선사(禪師)다. '불립문자(不立文字)'를 핵심 사상으로, '일상사 그대로가 선(禪)'이라는 '일행삼매(一行三昧)'로, 마음공부의 기틀을 잡았다. 다양하게 해석하지만, '불립문자'는 '경전의 문구나 스승의 말씀은 깨달음의 수단일 뿐, 진리의 깨달음은 문자를 떠나 인간의 마음을 꿰뚫어 본성을 봐야 한다!'라는 의미다. '일행삼매'는 '한결같이 있는 그대로의 모습을 주시하라!'는 수양의 양식이다. 그 인식의 기초에 36가지의 상대성이 자리한다.

> 외경무정(外境無情)에는 5가지 상대가 있다. '천(天)–지(地), 일(日)–월(月), 암(暗)–명(明), 음(陰)–양(陽), 수(水)–화(火)'가 그것이다.
> 법상(法相)으로 말하면, 12가지 상대가 있다. '유위(有爲)–무위(無爲), 유색(有色)–무색(無色), 유상(有相)–무상(無相), 유루(有漏)–무루(無漏), 색(色)–공(空), 동(動–정(靜), 청(清)–탁(濁), 범(凡)–성(聖), 승(僧)–속(俗), 노(老)–소(少), 장(長)–단(短), 고(高)–하(下)'가 그것이다.
> 자성(自性)이 작용을 일으키는 것에는 19가지 상대가 있다. '사(邪)–정(正), 치(癡)–해(慧), 난(亂)–정(定), 계(戒)–비(非), 직(直)–곡(曲), 실(實)–허(虛), 험(險)–평(平), 번뇌(煩惱)–보리(菩提), 자(慈)–해(害), 희(喜)–진(嗔), 사(捨)–간(慳), 진(進)–퇴(退), 생(生)–멸(滅), 상(常)–무상(無常), 법신(法身)–색신(色身),

화신(化身)-보신(報身), 체(體)-용(用), 성(性)-상(相), 유정(有情)-무정(無情)'이 그것이다.

외경무정에 5가지, 법상에 12가지, 자성이 작용을 일으키는 것에 19가지 상대(相對)가 있으므로, 이를 모두 더하면 36종류의 상대가 존재한다. 이러한 36종류의 상대는 경전을 해석하는 데, 기초가 되며, 깊은 깨달음을 얻어 양극단에 떨어지는 것을 피할 수 있게 해 준다.

자기의 본성에서 이러한 36종류의 상대법이 일어나 작용하는 것을 어떻게 다스리는가? 사람과 교류할 때, 바깥으로는 상(相)에 있으면서 상에 집착하지 않고, 안으로는 공(空)에 있으면서 공에 집착하지 않는 것이다. 공에 집착하면 바로 미혹(迷惑)에 사로잡히며, 상에 집착하면 바로 사견(邪見)이 일어난다.

논쟁의 초월 - 불교의 회쟁론 ①

인간 사회에서 논쟁(論爭)은, 건전하게 이행될 경우, 사회 진보의 바탕이 될 수 있다. 그러나 무의미한 논쟁으로 전락할 경우, 사회 퇴보를 유발하기도 한다. 불교에서는 중관(中觀)의 시선을 통해 '논쟁을 초월'하는 '회쟁론(廻諍論)'으로 세상을 이해한다. 관념의 극치처럼 보이는 '회쟁'은, 빙글빙글 돌아가는 듯한 오묘한 진리태로, 인간 세상에 논리적 충격을 던진다.

한 번 가정해 보자.

'어느 곳에도, 어떤 것에도, 본체(本體)라는 것이 없다!'

그렇다면, 누가 어떤 말을 하더라도 본체를 긍정할 수 없다. 하지만 세상에 존재하는 본체를 부정할 수도 없다!

중관(中觀)의 시선이 야릇하다. 본체가 없다고 하면, 어느 것의 본체이든 그것은 어떤 곳에도 존재하지 않는다. 질료인(質料因) 속에도 보조인(補助因) 속에도 질료인과 보조인을 합친 전체 속에도, 또는 그것들과 독립된 것일지라도, 존재하지 않는다. 그러므로 불교에서는 말한다.

"모든 것은 공(空)이다!"

그 까닭은, 있는 그대로 이해하면 된다. 예를 들면, 아(芽), 즉 '싹'은 그 질료인인 '종자(種子)', 씨앗 속에 있지 않다. 그 보조인이라고 할 수 있는 '지·수·화·풍(地·水·火·風)', 즉 땅이나 물이나 불이나 바람과 같은 것의 하나하나 속에도, 그 보조인의 전체 속에도, 질료인과 보조인을 합친 전체 속에도 있지 않다. 그렇다고 질료인과 보조인 없이 독립적으로 싹이 얻어지는 것도 아니다. 이들 어느 것 속에도 싹의 본체는 없다!
싹은 본체를 갖지 않는 것이다. 본체를 갖고 있지 않으므로 '공(空)'이다. 이 싹이 본체를 갖지 않기 때문에 '공'인 것처럼, 모든 것은 본체를 갖지 않는다. 본체를 갖지 않기 때문에 '공'이라 한다.

이런 중관의 시선에 대해, 실재론자들은 의구심의 눈초리로 노려본다. 무슨 소리를 하는 건가! 그들은 다음과 같이 논의한다.

그래? 그렇다면, "모든 것은 공이다!"라고 하는 그대의 말도, 또 '공'이 된다. 왜냐하면, 그 말 자체도 질료인인 모든 원소의 하나하나 속에도, 또 그것들의 집합 속에도 있지 않기 때문이다. 보조인인 가슴통·목구멍·입술·혀·이뿌리·뒤 입천장·코·앞 입천장 같은 것 속에도, 또 말을 하려고 하는 사람의 생각 속에도 없다.
두 원인을 합친 전체 속에도 없고, 질료인과 보조인을 떠나 독립해서도 있을 수 없다. 이들은 어디에도 없기 때문에, 말은 본체를 갖지 않고, 본체가 없기 때문에 '공'이다. 그러므로 이와 같은 '공'인 말에 의해, 만물의 본체가 부정되는 일은 없다.
실제를 보라! 사물은, 존재하지 않는 불에 의해 타지도 않고, 존재하지 않는 칼에 의해 끊어지지도 않고, 있지도 않은 물에 의해 적셔질 수도 없다. 이같이 존재하지 않는 말에 의해, 모든 사물의 본체를 부정할 수는 없다! 그렇기 때문에, '모든 것의 본래는 부정된다!'라고 말하는 것도 성립되지 않는다.
이에 반해, 말이 본체를 가지는 것이라면, 그대가 앞에서 주장한 시선은 깨어진다. 그대가 언급한 두 개의 명제에는 일치하지 않는 부분이 있다. 그것에 대한 특별한 이유가 설명되어야만, 공(空)의 정당성을 확보할 수 있다.

이 심오한 논쟁, 때로는 논쟁이 아닌 것 같기도 하고, 도무지 만나기 힘든 말잔치 같기도 하고, 저 초월적 대화의 관념을 어떻게 이해할 것인가? 공(空)으로 상징되는 중관(中觀)의 시선과 실재(實在)의 눈망울 사이에 무엇이 오고 간 것일까?

논쟁의 초월 - 불교의 회쟁론 ②

중관자(中觀者)들이 공(空)을 말한 이후, 실재론자(實在論者)들의 추궁이 집요하다. 그대는 생각할 수 있다. 앞에서 지적한 그런 오류가 있어서는 안 된다고. 그대가 '이 말이 본체를 가지며, 본체를 가지기 때문에 공이 아니다! 그러므로 그것에 의해 모든 것의 본체는 부정된다!'라고 또 강조하여 말한다면, 그에 대해 근원적으로 대답하겠다. 본체의 존재 유무를 두고, 중관의 시선과 실재의 눈이 불꽃 튀기는 논쟁을 하고 있다. 실재론자들의 대답은 단호하면서도 날카로운 비판으로 이어질 태세이다.

> 앞에서 주장한 '모든 것은 공(空)이다!'라고 말한 명제는 잘못되어 있다! 그렇게 본다면, 그대의 말도 모든 것의 한 부분일 뿐이다. 모든 것이 공인데, 어떻게 그대의 말만이 공이 아니라고 말할 수 있겠는가!
> 다시 확인해 보자. 모든 것이 공이라면, 당연히 그대의 말도 모든 것 속에 포함되어 있는 것이므로 공이다. 그 공인 것에 의해, 무엇인가를 부정할 수는 없다. 그러므로 '모든 것은 공이다!'라고 하는 부정도 있을 수 없다. '모든 것은 공이다'라는 언급에 부정이 있을 수 있다면, 그대의 말은 공이 아니어야 한다. 그렇게 되면, 공이 아닌 것이 실재한다. 때문에 '모든 것은 공이다'라고 부정하는 것은 타당하지 않다.
> 또, 모든 것은 공이지만, 그대의 말은 공이 아니므로 부정이 가능하다고 한다면, 그대의 말은 모든 것 속에 포함되지 않게

된다. 그 경우에 '모든 것은 공이다'라는 주장은 공이 아닌 말이라고 하는 실례와 서로 어긋나고 만다. 그대의 말이 모든 것의 한 부분이고, 또 모든 것이 공이라면 그대의 말도 공일 것이다. 공이기 때문에 그것에 의해 부정할 수는 없다. 또 말이 공이고, '모든 것은 공이다'라고 하는 부정이 있을 수 있다면, 당연히 모든 것은 공이면서 어떤 작용을 할 수 있는 것이 된다. 그러나 이와 같은 일은 용인될 수 없다.

참으로 어렵다. 단순하게 말하면, 중관의 시선은, 이 세상 '모든 것은 본체가 없다!', '공이다!' 그런데 이렇게 말한 것, 이 말조차 모든 것에 포함된다. 그러니까 이 말도 본체가 없는, 공이다. 이 '말'이 문제다! 말은 본체가 없는 공일까, 본체가 엄연히 존재하는 것일까?

중관의 시선에서 보면, 이렇게 생각할 수 있다. 말은 공이다! 그러면서도, 부정이라는 작용을 행하는 실례(實例)와 자신의 의론이 서로 어긋나서는 곤란하다! 모든 것은 공이며 또 작용을 행하지 않는다. 중관의 시선에서 이런 방식으로 말한다면, 공인 그대의 말에 의해, 모든 것의 본체를 부정하는 것은 있을 수 없다. 이와 같이 그 본체를 부정하는 말이 존재할 경우, 어떤 것은 공이고, 어떤 것은 공이 아니라는 불일치가 따르게 된다. 따라서 그 불일치성에 대해, 어떤 것은 공이고, 어떤 것은 공이 아니라는 것을 설명할 수 있는 특별한 이유를 들어야만 한다!

그러나 그대, 중관의 시선은 그것을 설명하지 않고 있다. 그러므로 그대가 '모든 것은 공이다!'라고 말하는 것은 성립되지 않는다! 논박이 날카롭다. 실재론자들의 논리가 보다 타당한 것일까?

논쟁의 초월 – 불교의 회쟁론 ③

실재론자들의 비판은 더욱 거세진다. 또 다른 사례를 들어 가며, 공(空)을 부르짖는 중관의 시선을 타격한다.

그대, 중관의 시선은 생각한다. '~하지 마라!'고 하는 소리로 불일치의 해결을 증명할 수 있다! 그 본체를 부정하는 말이 존재할 경우, 어떤 것은 공이고, 어떤 것은 공이 아니라는 불일치가 따를 때, 불일치를 해결할 수 있다고 생각하는가? 이 또한 타당치 않다! 이유는 복잡하지 않다. 그 경우, 실재하는 소리에 의해, 생겨나게 될 소리의 금지가 행해지기 때문이다. 예를 들어 보자. 누군가가 '소리를 내지 마라!'고 말했을 때, 스스로 소리를 내었고, 그리고 그 소리에 의해 같은 소리가 제지될 수 있다! 이와 같이 '모든 것은 공이다!'라고 하는, 말 자체도 공인 것에 의해, 그대는 모든 것의 본체가 억제되는 것이라고 생각하게 될 것이다.
우리, 실재론자는 강조한다. 그것도 타당하지 못하다! 왜냐하면, 앞의 경우에는 실재하는 소리에 의해 생겨나게 될 소리가 부정되고 있지만, 뒤의 경우에는 실재하는 말에 의해 모든 것의 본체가 부정된다고 하는 것은 아니기 때문이다. 그대의 생각을 보면, 말도 또 실재하는 것이 아니고, 모든 것의 본체도 실재하는 것이 아니다. 따라서 '~하지 마라!'는 소리처럼, 이런 비유는 그 적용이 잘못되고 있다.

실재론자들은 다시 논리의 벽을 쌓는다. 중관의 시선에 의한 본체 부정! 이에 대한 실재론자들의 부정도, 마찬가지로 잘못되었는가? 실재론자들은 당당하게 말한다. "그것은 옳지 않다! 형식에서 논리적으로 성립되지 않는 것은, 중관의 시선이지 우리의 주장이 아니다!"

중관의 시선이나 논리에서 보면, 또 이렇게 생각할지도 모른다. 부정을 부정하는 논리도 타당치 않다. 모든 것의 본체를 부정하는 중관의 시선과 그 말을 또 실재론자가 부정하는, 그것 또한 불가능하다!

이에 대해, 실재론자는 논박한다. 그것도 옳지 못하다! 왜 그러한가? 그것은 중관의 시선에서 주장명제(主張命題)로서의 형식을 이루고 있기 때문이다. 우리 실재론자는 그렇지 않다. 다시 말하면, '모든 것은 공이다!'라고 말하는 것은 중관의 시선이다. 지금 논쟁에서 문제가 되고 있는 '최초의 견해'는 실재론자의 주장이 아니다. 그러므로 이와 같은 경우, '부정의 부정도 타당하지 않다!'라고 하는 것은 옳지 않다.

중관의 시선, 그것은 먼저 지각에 의해 사물을 인식하고, 그 본체를 부정한다고 하더라도, 사물을 인식하는 방법인 그 지각은 존재하지 않는다. 지각에 의해 모든 것을 인식한 다음, '모든 것은 공이다!'라고 말하면서 부정하더라도 그것은 타당하지 않다. 왜냐하면, 지각이라는 인식 방법도 모든 것의 한 부분이므로 공이고, 사물을 인식하는 사람도 또한 공이기 때문이다. 그러므로 지각이라는 인식 방법에 의한 인식이란 것은 없다! 또 인식되지 않은 것을 부정한다는 것도 있을 수 없다! 따라서 '모든 것은 공이다!'라고 선언하는 것은 합리적(合理的)이지 않다. 실재론자들의 목소리는 여기에서 절정을 이룬다!

논쟁의 초월 - 불교의 회쟁론 ④

실재론자들의 비판은, 얼핏 보면, 합리성(合理性)을 갖춘 것처럼 보인다. 그러나 중관의 시선이 결코 그들의 주장을 함부로 물리치지는 않는다. 차근차근 조목조목 반박을 하며 '공성(空性)'을 다시 강조한다.

처음에 그대들, 실재론자들은 이렇게 말했다.

"어느 곳에도, 어떤 것에도 본체라는 것이 없다고 한다면, 중관의 시선, 그대의 말도 본체를 갖지 못하는데, 그렇다면 본체를 부정할 수도 없다!"

이에 대해 말하겠다. 잘 듣고 깊이 새겨보시라!

중관의 시선, 그 말이 그 질료인과 보조인을 합친 전체 속에도, 그것들과 독립된 것으로서도 존재하지 않는다면, 사물에는 본체가 없는 것이 된다, 그러므로 '공성(空性)'이 증명되지 않는가!

중관의 말이 질료인, 즉 모든 원소가 집합한 것이나 모든 원소의 하나하나 속에도 존재하지 않고, 보조인인 가슴통·목구멍·입술·혀·이뿌리·뒤 입천장·코·앞 입천장 등이나 생각 속에도 없고, 두 원인을 합친 전체 속에도, 질료인과 보조인의 전체와는 따로 독립된 것으로서도 있을 수 없다고 한다면, 그것이 바로 본체를 갖지 않는 것이 되고, 본체를 갖지 않기 때문에 공이다. 본체가 없기 때문에, 우리 중관의 말이 공(空)이라는 진리로 증명되는 것 아닌가!

중관의 말이 본체를 갖지 않기 때문에 공이라고 말하는 것이다. 그러므로 그대 실재론자들이 '우리 중관의 말이 공이기 때문에, 모든 것의 공성(空性)은 타당치 못하다!'라는 주장은 옳지 않다.

중관의 시선이 강조하는 것은 간단하다.

"사물이 다른 것에 의해 존재하는 것이 공성(空性)의 뜻이다. 다른 사물에 의한 존재에는 본체가 없다!"

실재론자들에게 말한다.

"사물이 공이다!"라고 하는 말의 의미를 확인하라! 어찌, 중관의 시선, 그 말에 본체가 없으므로 사물의 본체는 부정할 수 없다고 비난을 퍼붓고 있는가? 사물이 다른 것에 의해 존재하고 있는 그것이 공성이다. 왜 그러한가? 본체를 갖지 않기 때문이다.

참으로 다른 것에 의해 생겨나는 존재는, 본체를 가지고 있는 어떤 사물이 아니다. 그것에는 자기 존재성이 없다. 왜 그러한가? 그것들은 질료인과 보조인에 의존해 있기 때문이다.

사물이 본체로 존재한다면, 질료인과 보조인을 없애 버려도, 그것은 존재한다. 그러나 실제로 그와 같은 경우에 처한 사물은 존재하지 않는다. 그런 까닭에 사물은 본체가 없는 것이며, 본체가 없기 때문에 공이라고 선언한 것이다. 이리하여, 중관의 시선, 그 말까지도 다른 것에 의해 생겨난 것이므로, 본체를 갖지 못하고, 본체를 갖지 않기 때문에 공이라 말하게 된다.

일상에서 긴요하게 사용하는 수레나 병, 옷감 같은 도구는 다른 사물에서 생겨난 것이다. 때문에 본래가 공이다. 하지만, 나무나 흙을 운반하기도 하고, 물과 우유를 담기도 하며, 추위와 더위, 바람으로부터 사람을 보호하는 등, 각자의 역할을 수행한다. 이렇게 중관의 시선에서 말하는, 이런 말도 다른 것에 의해 생겨난 것이므로 본체를 갖지 않지만, 사물에 본체가 없는 것을 증명하는 역할을 한다.

그러므로 실재론자들이 "중관의 시선에서 한 말이 본체가 없기 때문에 공이며, 그것이 공이기 때문에 그 말에 의해 모든 것의 본체를 부정할 수는 없다!"라는 반박은 옳지 않다.

논쟁의 초월 - 불교의 회쟁론 ⑤

공(空)을 강조하는 중관의 시선은, 다시 일갈(一喝)을 가한다. 다름 아닌 '~하지 말라!'고 하는 소리에 관한 비판에 대해서다.

실재론자들이여! 그대들은 다음과 같이 말했다.

"~하지 말라!"고 하는 소리가, 불일치의 해결을, 예를 들어 설명할 수 있다고 생각하지만, 그것도 타당하지 않다! 왜냐고? 그런 경우, 실재하는 소리에 의해 생겨나게 될 소리의 금지가 행해지기 때문이다.

정말 그런가? 중관의 시선에서는 이렇게 말하련다.

실재론자들이 암시한, "~하지 말라고 하는 소리처럼"이라고 말하는 것은, 비유로 성립되지 않는다. 왜냐하면 이는 소리에 의해 소리를 정지하는 것이지만, 중관의 시선에서 말하는 것은 그와 다르기 때문이다.

중관의 시선에서 보면, 이는 어떤 논의의 차원을 비유하는 것으로 설명될 수 없다. 누군가가 "소리를 내지 말라!"고 해 놓고, 소리를 내면서 소리를 억제하는 것처럼, 이 '공(空)'인 말은 '공성(空性)'을 부정하는 것이 아니다. 왜 그러한가? 이 비유에서는 소리에 의해 소리가 그쳐지게 되지만, 중관의 시선에서는 그렇지 않다. 중관의 시선은 "모든 것은 본체를 갖지 않으며, 본체를 갖지 않기 때문에 공이다!"라고 말하고 있기 때문이다.

다시 강조하면, 본체를 갖지 않은 것에 의해, 본체를 갖지 않은 것이 억제된다면, 본체를 갖지 않는 것이 부정된다. 그러므로 본체를 갖고 있는 것이 증명된다.

"소리를 내지 말라!"는 소리에 의해, 소리가 억제되는 것처럼, 본체를 갖지 않은 말에 의해, 본체를 갖지 않은 것이 억제된다면, 그때는 이 비유가 타당하다. 그러나 여기서는 본체를 갖지 않은 말에 의해 사물의 본체가 부정되는 것이다. 본체를 갖지 않은 말에 의해, 본체를 갖지 않은 것이 부정된다면, 본체를 갖지 않은 것이 부정되므로, 바로 사물은 본체를 가지는 것으로 된다. 본체를 가지므로 공이 아닌 것으로 된다. 그런데 중관의 시선은 사물이 공이 아니라는 것이 아니라, 공인 것을 주장한다. 그러므로 이것은 비유로 설명 되지 않는다.

어떤 사람이 '변장한 여자'에 대해, 이를 '실재 여자'라고 오인(誤認)하고 있는 것을, 다른 변장한 사람이 부인한다고 하자. 중관의 시선도 그와 같다. 어떤 사람이 여자로서의 본체가 없는 여자에 대해, 정말 여자라고 오인한다고 하자. 그 변장한 여자를 그와 같이 오인하는 까닭에 그에게 욕망이 생긴다고 하자. 여래(如來), 또는 여래의 제자에 의해 변장한 사람이 만들어지고, 이것이 여래 또는 여래 제자의 신비스런 통제 능력에 의해, 그와 같은 오인을 물리친다고 하자. 그것처럼, 변장한 사람과도 같은 공(空)인 나의 말에 의해, 변장한 여자와도 같이 본체를 갖지 않는 모든 것에, 본체가 있다고 생각하고 있는 오인이 물리쳐지게 된다. 때문에 방금 말한 비유야말로 공성(空性)을 증명하는 데 타당한 것이 된다. 하지만, 실재론자들이 암시한 "~하지 말라!"고 하는 소리라고 한, 그것은 그렇지 않다.

실재론자들이 제시하고 있는 이유는 그 자체가 불확실하다. 왜냐? 소리는 실재성(實在性)이 없기 때문에. 중관의 시선은 세간의 상식을 승인하지 않고 의론하는 것은 아니다. "~하지 말라고 하는 소리처럼"이라고 하는, 그 비유에 들어 있는 이유는, 그 자체가 불확실하다.

왜냐하면 모든 것은 본체를 갖지 않는다고 하는 점에서 서로 다른 것이 없기 때문이다. 실제로 그 소리도 다른 것에 의해 생겨난 것이므로, 본체로서의 실재성이 없는데, 실재론자들이 "실재하는 소리에 의해 생겨나게 될 소리가 억제된다!"라고 말한 것은 모순이다.

중관의 시선은 세간의 상식적 언설을 승인하지 않고, 즉 상식을 무시해 버리고, "모든 것은 공이다!"라고 말하지 않는다. 진정으로 상식에 따르지 않고 가르침의 진리를 말할 수는 없다.

『중론(中論)』에서 말한다.

세간의 상식을 쓰지 않고는 최고의 진실을 말할 수 없다!
최고의 진실에 따르지 않고서는 열반을 깨달을 수 없다!

그러므로 중관의 시선에서 하는 말과 마찬가지로, '모든 것은 공(空)이다. 모든 것은 본체를 갖지 않는다!' 이는 상식과 최고의 진실, 이 둘의 차원에서 타당하다.

『우파니샤드』 ① - 우주 자연에 다가간 인간들의 기록

인도(印度: India)라는 나라가 던지는 이미지는 오묘하다. 갠지스강 변에서 느끼는, 생사(生死)를 초탈한 그들의 삶은, 신비(神祕)에 가깝다. 저 사유의 저변에 무엇이 자리하고 있기에 그러할까? 고대 인도의 철학사상이 응축되어 있는, 인도인들의 사유 바탕을 담은 저작이 바로 『우파니샤드(Upanisad)』이다.

우파니샤드에 대해서는 알려진 것이 거의 없다. '고대 인도의 철학서로 온갖 가르침이 두루 담겨 있다!'라는 사실 이외에, 어떠한 해설도, 확실한 근거에서 제시되지는 않았다. 다만, 우파니샤드는 '베다(Vedas)'의 마지막에 자리한 경전이고, 다양한 주제를 다루고 있다는 것뿐이다.

'우파니샤드(Upanisad)'라는 말의 어원이 재미있다. 제자가 스승의 가르침을 받기 위해, 스승 '가까이(upa)-아래에(ni)-앉는(√sad)' 것을 뜻한다고 한다. 물론, 초기의 주요 우파니샤드에서, 제자가 스승의 무릎 아래 앉아 비밀스런 가르침을 들었다는 증거는 없다. 그러나 스승 가까이에 앉는 것이 우파니샤드라는 어원적 해석은 가능하다. 이때 스승이 사람만을 의미하는 것은 아니다. 스승 곁에 공손하게, 가까이, 무릎 아래 앉았다는 표현은, 그들이 높이 평가한 사물, 즉 '우주 자연의 만물에 다가간다!'라는 말이다.

이때, 스승[사물]이 제자[인간]에게 가르치는 비밀스런 내용은, 대우주의 원리인 '브라만(brahman)'과 소우주의 원리[개인의 본체; 개인적 원리]인 '아트만(atman)'이 같다는 사유다. 브라만은 '범(梵)'이다.

'범(梵)'은 '힘'이라는 의미다. 아트만은 '아(我)'이다. 끊임없이 변화하는 '물질적 자아', 즉 육체나 생각, 그리고 마음과 대비해 볼 때, 절대 변하지 않는 가장 내밀한 '초월적 자아', 즉 영혼을 말한다. 여기에서 '브라만=아트만'이라는 사상이 제기되고, 일반적으로 '범아일여(梵我一如)'라는 사유가 자리하게 된다. 그런데 초기 우파니샤드에 '범아일여'라는 표현은 없다. 이건 또 무엇을 의미하는가?

우파니샤드를 어원적으로 분석하여, '가까이, 아래에 앉는다!'라고 한 것은 하나의 비유로 볼 필요가 있다. 중국이나 한국, 그리고 일본과 같은 동아시아 문명에서는, '사람과 사람 사이의 관계'를 높이 평가한다. 그러나 인도를 비롯한 남아시아 문명에서는 '사물과 인간의 관계'를 중시한다. 이 때문에 우파니샤드는 스승의 가까이에 제자가 앉는 것이 아니라, 인간이 사물 가까이, 즉 물질 아래에 앉는 것을 말한다. 인간이 사물 가까이, 아래에 앉는 것은 '우파스(upa-as)'로 표현된다.

어떤 해석을 취하더라도, 우파니샤드는 다음과 같은 의미를 지닌다.

첫째, '무언가에 접근하여', '무언가를 얻으려고 노력하는', 또는 '무언가를 열심히 추구하는' 것이다.

둘째, 한 사물을 다른 사물과 동일시하고, 본래 자기인 아트만을 '열심히 추구하는 지적 인식 행위'다.

'가까이', '아래에 앉다'라는 차원에서 볼 때, 우파니샤드는 단순하게 '비밀스런 가르침'이 아니다. 그것은 '한 사물을 다른 사물과 연관시키며 아래에 종속시키는 행위'를 뜻한다. 사물 사이에 관계가 이루어질 때, 거기에는 계층적 위계나 서열이 형성된다. 우파니샤드는 '아래에 두는' 차원에서 '계층과 서열'에 기초한 사유다. 다시 말하면, 우파니샤드는 한 사물을 다른 사물에 종속시키는 사유가 바탕에 깔려 있는 가치 체계다.

모든 사물은 상관관계를 가진다. 사물은 상호 의존한다. 이때 '보다 높은 사물의 가까이, 아래에 앉는 일'이 '우파니샤드'라는 말의 본질이다. 그런 만큼 우파니샤드의 철학자들은 '아트만'이라는, 본래 자기를 '진지하게 추구'했다.

인간과 사물은 동일하다!

그렇게 자신을 사물과 관련시켰다. 인도 사상의 오묘한 자태가 이 지점에서 돋보인다.

『우파니샤드』 ② - 사상가들의 가르침

우파니샤드를 대표하는 3대 사상가가 있다. '야지냐발키야'와 '웃다라카', 그리고 '샨딜리야'가 그들이다.

우파니샤드 최고 사상가로 꼽히는 야지냐발키야는 자나카 왕과 그의 아내 마이트레이와의 대화에서 자신의 사유를 드러낸다. 자나카 왕과의 대화에서 공통 주제는, 브라만보다 푸루샤(puruṣa)나 아트만이었다. 푸루샤는 산스크리트어로 '영혼'이나 '자아'를 뜻한다. 거인(巨人)을 해체하는 인도의 창조신화에 의하면, 신(神)이 푸루샤를 네 토막으로 잘라, 그 가운데 4분의 1을 공물로 바쳤다. 그러자 그 입에서 브라만(Brahman)이, 팔에서 크샤트리아(Kshatriya)가, 허벅지에서 바이샤(Vaiśya)가, 발에서는 수드라(Sudra)가 나왔다고 한다. 이후, 푸루샤는 물질과는 별개로 존재하는 정신원리(精神原理)로 인식되었다.

야지냐발키야는 강조한다. 인간의 목표는 선악의 저편에 있고, 지금 이곳에서 해탈하는 일이다. 그것은 다름 아닌, 아트만을 인식하고 해탈하는 작업이다. 인간의 본질은 아트만이다. 인간은 세상의 모는 존재를 아트만이라고 인식해야 한다. 아트만! 본래적 자기가 그 사상의 핵심이다. 존재하는 모든 것은 '불'과 '물'과 '음식물'이라는 세 원소(元素)로 환원된다. 사트(sat: 존재)에서 세계의 생성, 그것은 '여기에는 최초에 존재하는 것만이 있다!'라는 말로 시작한다. 세계의 성립은, 존재가 생명으로서 자기에 의해, 세 원소 안으로 들어가, 개별 생물을 창조한다.

샨딜리야는 조금 다른 방식으로 사유를 전개한다. 인간의 심장 안에 있는 아트만은 브라만을 고려한다. 사람은 죽을 때 브라만이 된다! 이 짧은 언표는 무엇을 뜻하는가? 모호하다. 그의 주장은 환생설(幻生說)처럼 보인다. 그렇다면, 인간 본래의 '자기(自己)'는 무엇일까? 자기는 모든 존재를 포함하는 미세한 것이다. 바로 심장 안에 있다. 이 아트만은 '대지'와 '대기'와 '하늘'이라는 3계(界)보다도 뛰어나다. 가장 작은 아트만이 가장 큰 존재와 동일시된다. 심장 안에 있는 인간의 자기는 대지와 대기와 하늘보다 뛰어나며, '모든 존재'를 그 안에 포함한다. 샨딜리야의 사유는 '브라만은 이 모든 존재다!'라는 데서 출발했다. 심장 안에 있는 인간의 아트만은 '이 모든 존재'를 포함한다. 아트만은 놀라운 능력을 지녔고 아주 미세하다. 그런 아트만이 브라만이다. 우주적 원리, 진리의 공식이다. 사람은 스스로 의도에 따라 결정한다. 죽은 이후에는 경이로운 능력을 지닌 아트만 안으로 들어간다.

웃다라카는 미세한 것을 본질로 하는 '생명'을 강조했다. 그 생명은 바로 자기다. 인간의 본래 자기는 죽지 않는 생명 그 자체다. 그러한 생명력은, 거창한 형이상학적 개념이 아니다. 매우 소박한 차원의 죽지 않는 생명이라는 사유다.

우파니샤드의 사상가들이 강조하는 아트만! 인간 본래의 자기는 어디에서 찾을 수 있을까? 정말 심장 안에서, 발동하고 있는 생명력일까?

『우파니샤드』의 아트만 - 인간의 자기 탐구

우파니샤드의 사유는, 스승의 '비밀스러운 가르침'이라기보다는, '사물 가까이, 그 아래에 앉는 것'이라고 했다. 자신을 사물과 동일하게 생각하고 사물과 자신이 어떤 상관관계에 있는지를 찾으려는 노력이다. 그것은 사물을 열심히 추구하고, 진지하게 인식하기 위해 애쓰는 작업이다. 인간이 개입한 사유에서 대부분 그러하지만, 이런 우파니샤드에서도 가장 중요하게 여기는 것은 '사람'이다.

인간을 이해하는 여정에서, 핵심으로 자리하는 것은 '아트만'이라는 '자기' 인식이다. 우리가 일상에서 그렇게, 줄기차게, 쓰는 개념인 '자기(自己: 自我: self)'! 이 알기 힘든, 아니, 정말 알 수 없는, 자기란 무엇일까? 우파니샤드에서는 조용하게 말한다.

자기는 '몸'이다.
몸은 힘을 가지고 여러 기능을 발휘한다.
호흡이나 감각, 사고 등, 이 모든 것은 자기와 밀접한 관계에
놓여 있다!

다시 강조하면, 아트만은 몸이다. 죽은 몸이 아니라 살아 숨 쉬는 몸! 그것은 단순하게 신체나 육체를 의미하는 몸이기도 하지만, 영혼이나 의식을 뜻하는 정신적 자기이기도 하다. 인간의 내부에서 발견되는 자기! 인간의 내부에 있는 아트만은 인간에게서 가장 깊은 차원의 알갱이이자 본래적 자기다.

아트만! 이 자기는 다양하게 인식된다. '몸'이기도 하고, '본래적 자기'이기도 하며, '초현상적 자신'이기도 하다. 그것은 고유한 성질을 지니고 있다. 그런 만큼, 자기를 빚어 나가는 창조자(創造者)다.

하지만, 우파니샤드는 아트만을 발견하는 것 자체에 머물지 않는다. 자신 사이에 숨겨진 관계를 발견한다. 다시 말하지만, 우파니샤드는 단순하게 인간 스승 가까이에 앉는 것이 아니다. 우주의 사물 곁에 앉는 일이다. 진지하게, 자신과 사물의 상관관계를 찾아, 존재의 연관성 구명에 나선다. 인간의 의식과 외부 세계의 사물, 그리고 아트만을 서로 연결하는 지점을 탐구하는 열정, 그 역동적 작업이 우파니샤드다.

여기에서 우주는, '하나로 관통되어 있는 전체'다. 모든 존재가 관계하는 거대한 그물망, 네트워크(network)다. 우주의 한 가운데서, 고립되어 있는 것처럼 보이는 모든 존재! 그들은 현실에서 서로 연결되어, 상호 의존 상태에 있다.

그 관계의 네트워크를 탐구하고 찾아내는 것은 인간의 인식이다. 인식을 통해, 인간은 자기와 다른 존재 사이의 망(網)에 대한 연구와 공부를 진행한다.

다시 강조한다. 인간이 본래적 자기와 세상 사물의 상관관계를 인식하려는 노력이 우파니샤드다. 이는 필연적으로, 존재들 사이의 동일한 가치인 '등가(等價)'와 그것의 '상호 연관성'에 대한 가르침을 유도한다. 존재가 개별적으로 지닌 가치 체계와 존재들 사이에 연결되는 새로운 가치 체계, 나아가 존재의 개별성과 전체성이 인간의 내면으로 파고들 때, 또 다른 가치들이 창조되는, 그런 연관적 사유를 고민한다.

'가까이', '아래에 앉아 한 사물을 다른 사물에 종속시키는' 작업을 할 때, 존재들 사이의 '관계'는 계층적으로 배열된다. 때문에 계층적으로 연결되어 존재하는, 또는 '우주의 정점(頂點)'에 자리하는, 그 최고의 존재를 탐구하는 일이 중요하다. 그 정점에 자리하는 존재가, 다름 아닌 '인간의 아트만'이다. 인간의 아트만! 그 '본래적 자기', 또는 '초월적 자신'을 알면, 모든 존재를 이해할 수 있고, 모든 존재 사이의 상관성을 알게 된다.

여기에 '명상(瞑想: upās)'이 개입한다. 어떤 존재에 대해 다른 존재로서 명상하는 작업은, 둘 사이의 관계를 '우파스(upās)'하는 일이다. '명상', 즉 '우파스'는 '어떤 존재에 관해 본질을 얻으려는 노력', 또는 '어떤 존재에 대해 그 진면목을 열심히 추구하는 열정'을 말한다. 쉽게 말하면, 존재에 관한 심사숙고(深思熟考)다. 사물에 관한 신중한 연구이자 탐구다. 우주를 대상으로 펼치는 공부의 축제다.

존재들 사이의 관계를 인식한 사람은, 그 관계가 인정하는 사물과 자신을 동일하게 여길 수 있다. 어떤 존재와 다른 존재 사이의 등가! '모든 사물이 동일한 가치를 지닌다!'라는 존재에 대한 이해를 따라가다 보면, 가장 가치가 높은 차원의 명상인 '우파사나(upasana)'에 이른다. 우파사나는 사물과 자신[아트만] 사이에 숨겨진 관계를 인식하는 행위다. 그것은 궁극적으로 인간 자신에 관한 탐구로 귀결된다. 사물과 아트만의 상관관계를 발견하는 일! 공부의 하이라이트에 도달한다.

그 절정의 안식처! 정점에서 나를 보라! 인간은, 우주 전체에 퍼져 있는 모든 존재의 일부다. 아니, 본래적 자기로 돌아올 때면, 모든 존재의 중심에 자리한다. 다시, 모든 존재 중심은, 인간 자신, 바로 아트만이다. 아트만을 아는 사람은, 모든 존재 사이의 상관성, 사물의 체계를 아는 인간이다. 명상을 통해, 존재의 관계를 파악한 사람, 그런 인간이야말로 세상에서 힘을 펼칠 수 있는, 공부한 사람이다. 요컨대, 우파니샤드는 인간의 본래적 자기-아트만-를 최대의 관심사로 끌어올린다. 오직 자기!

『우파니샤드』「카우시타키 우파니샤드」 – 자기에 관한 지식

다시, 확인한다. 『우파니샤드』는 고대 인도의 문자인 산스크리트어(saṃskṛtā: 梵語)로 쓰여 있는 철학서를 가리킨다. 그런데 『우파니샤드』는 단순한 한 권의 책이 아니다. 오랜 세월에 걸쳐 누적되어 온, 수많은 저술로 복잡하게 어우러진, 기록을 통틀어 말한다. 『카우시타키 우파니샤드』도 그 가운데 하나의 기록이다.

그 3장의 마지막 부분에, 「자기에 관한 지식」이 전해 온다. 의미심장한 이론과 실천으로 가득하다.

① 언어를 인식하려고 바라면 안 된다. 사람은, 말하는 사람을 알아야 한다.

② 향기를 인식하려고 바라면 안 된다. 사람은, 냄새를 맡는 사람을 알아야 한다.

③ 형태를 인식하려고 바라면 안 된다. 사람은, 보고 있는 사람을 알아야 한다.

④ 소리를 인식하려고 바라면 안 된다. 사람은, 듣는 사람을 알아야 한다.

⑤ 음식의 맛을 인식하려고 바라면 안 된다. 사람은, 음식의 맛을 인식하는 사람을 알아야 한다.

⑥ 행위를 인식하려고 바라면 안 된다. 사람은, 행위를 하는 사람을 알아야 한다.

⑦ 쾌락과 고통을 인식하려고 바라면 안 된다. 사람은 쾌락과 고통을 인식하는 사람을 알아야 한다.

⑧ 환희, 사랑의 기쁨과 생식을 인식하려고 바라면 안 된다. 사람

은, 환희, 사랑의 기쁨과 생식을 인식하는 사람을 알아야 한다.

⑨ 보행을 인식하려고 바라면 안 된다. 사람은, 보행하는 사람을 알아야 한다.

⑩ 사고를 인식하려고 바라면 안 된다. 사람은, 사고하는 사람을 알아야 한다.

모든 말의 후렴구처럼 들리는, '사람을 알아야 한다!' 이 뭐지? 이 열 가지의 미세한 요소는, 예지(叡智)와 관련된다.

열 가지 예지의 작은 부분은 외적 존재와 관련되어 있다. 왜냐하면 외적 존재의 작은 부분이 존재하지 않으면, 예지의 작은 부분은 존재하지 않기 때문이다. 또는 예지의 작은 부분이 존재하지 않으면, 외적 존재의 작은 부분도 존재하지 않는다. 왜냐하면 둘 중의 하나로 인해 어떠한 형태도 성립하지 않기 때문이다.

그러나 이는 개별적이 아니다. 수레의 바퀴 테가 바퀴의 살에 고정되고, 이 살이 바퀴의 통에 고정되어 있듯이, 확실히 이와 같이, 이런 외적 존재의 작은 부분은 예지의 작은 부분에 고정되고, 예지의 작은 부분은 숨(prāṇa: 호흡: 숨결: 氣)에 고정되어 있다. 확실히 이 숨이 예지로서의 자기, 즉 아트만(Ātman)이다.

'아트만'이라는 인격적 원리! 그것은 환희이고, 늙지 않으며, 불멸이다. 그것은 선한 행위에 의해 더 커지지 않는다. 그것은 또 나쁜 행위에 의해 더 작아지지 않는다. 이유는 너무나 간명하다.

이것은 위로 인도하려는 사람에게 착한 행위를 하도록 만든다. 아래로 이끌려고 하는 사람에게 나쁜 행위를 하도록 만든다. 이것은 세계의 보호자다. 세계의 군주다. 세계의 지배자다. 나의 아트만이다! 인간이 알아야 할 것은, 이런 진실이다.

소크라테스의 『변론』 – 사형[죽음]의 메시지 ①

어쩌면, 소크라테스에 대해서는 더 이상 거론할 필요가 없을지도 모르겠다. 그만큼 많은 사람이, 그의 이름을 알고 있기 때문이다. 하지만 정말 우리는 소크라테스에 대해 얼마나 알고 있을까? 기껏해야 '너 자신을 알라!'라는 언표로 그를 안다고 하는 것은 아닐까?

사형(死刑)이 확정된 인생 최후의 진술을 통해, 소크라테스의 정신세계가 어떠한지, 다시 한 번 고민해 본다. 『변론–소크라테스의 변명』이라는 저술로 전해 오는 고전의 마지막 대목은 다음과 같이 기록되어 있다.

> 재판관 여러분! 나에게 이상한 일이 일어났습니다. 왜냐하면 나에게 언제나 나타나는 그 신의 예언은, 여태까지 평생 동안, 무척이나 자주 나타나서, 아주 사소한 일일지라도 내가 하려는 일이 부당할 때는, 반대를 했습니다. 그런데 이번에 내게 일어난 일은 …… 집을 나올 때도, 법정에서 변론을 할 때도, 어떤 경우에도 반대하지 않았습니다. …… '죽는다'는 것은, 다음의 둘 가운데 하나의 일입니다.
> "하나, 죽음은 완전히 무(無)와 같은 것으로, 죽은 자는 아무것도 느끼지 않는다.
> 다른 하나, 인간의 영혼이 다른 존재로 태어난다고 전해 내려오는 말처럼, 죽음은 이 자리에서 다른 자리로 주거(住居)를 옮기는 일과 같다."
> 죽음이 모든 감각이 없어지는 일이고, 꿈 하나 꾸지 않는 잠과 같은 것이라면, 그런 죽음이란 아주 놀랄 만큼 덕을 주는 일입니다.

> 한편, 죽음이란 여기서 다른 곳으로 여행을 떠나는 것과 같고, 전해 내려오는 말처럼, 사람이 죽으면 누구나 그곳에 간다는 것이 사실이라면, 이보다 좋은 일이 어디 있겠습니까! ……
> 어쨌거나, 사형을 선고하여 집행하는 일은, 아마 저 세상 사람들은 하지 않을 것입니다. 왜냐하면 다른 일에서도, 저 세상 사람들은 이 세상 사람들보다 행복하게 살고 있으며, 전해 내려오는 말이 사실이라면, 그 사람들은 이미 죽지 않는 몸이니 말입니다.

사형을 선고받은 후, 그것도 자신의 죽음을 앞두고, 이렇게 적확(的確)하게 죽음의 의미를 정돈할 수 있단 말인가! 한 인간의 영혼이 던지는 메시지, 소크라테스의 힘은, 어디에서, 무엇으로부터 도출되는 생(生)의 의지일까? 죽음은 '무(無)'일까, '여행(旅行)'일까?

소크라테스의 『변론』 - 사형[죽음]의 메시지 ②

다시, 소크라테스의 최후 진술이 울려 퍼진다.

재판관 여러분! 여러분도 죽음에 대해 긍정적으로 생각하며, 희망을 품어야 합니다. 좋은 사람에게는, 살아 있을 때나 죽은 뒤에도 나쁜 일이 하나도 없으며, 그 사람은 무엇을 하더라도 신의 배려를 받지 않는 일이 없다는, 이 한 가지 진실을 마음에 새겨야 합니다. 지금 나에게 벌어진 이런 일도, 뜬금없이 지금 생겨난 것이 아닙니다. 벌써 죽어서, 여러 가지 힘든 일로부터 해방되는 편이, 나를 위해서 차라리 좋았다는 것을, 나는 분명히 알 수 있습니다. 그래서 신의 예언도, 결코 나를 저지하지 않았던 것입니다.
나는 나에게 유죄 투표를 한 사람들이나, 나를 고발한 사람들에 대해, 별로 화를 낼 생각이 없습니다. 하기야, 그 사람들은, 이런 것을 생각하고 나를 고발하거나 유죄로 판결한 것이 아닙니다. 오히려, 해칠 작정이었습니다. 그 점에서, 그 사람들은 마땅히 비난받아야 할 것입니다.
내가 그 사람들에게 바라는 사안은 이것뿐입니다. …… 사람들이 자신을 훌륭하게 가꾸어 나가기보다, 돈이나 그 밖의 일에 먼저 뜻을 두거나, 보잘 것도 없는데 벌써 무엇이나 된 것으로 착각하거든, "너희가 유의(留意)할 일에는 유의하지 않고, 하찮은 인간에 불과한 주제에, 제법 무언가 상당한 인물이나 된 것처럼, 생각하고 있나!"라고, 내가 여러분을 나무랐듯이, 사람들을 꾸짖어 주십시오!
…… 이제 끝을 맺어야겠습니다. 시간이 되었습니다. 이제 가야

합니다. 나는 죽기 위해, 여러분은 살기 위해! 그러나 우리 앞길에 기다리고 있는 것은, 어느 쪽이 더 좋은지 아무도 모릅니다. 신이 아니고서는.

그렇다. 소크라테스는 죽음을 앞둔 인생의 최후에서, 인간의 삶을 깨달은, 성자(聖者)의 모습으로 빛난다. 죽음이 좋을까, 삶이 좋을까? 그것은 신(神)의 판단 영역이다.

대신, 소크라테스는 당부한다.

모든 인간이 자신을 훌륭하게 만들어 가기를!
겸손하게 낮은 자세로 살아가기를!
자신의 할 일을 마음에 새겨 조심하며 세상에 관심 갖기를!

그것은 무엇보다도, 금전(金錢)을 비롯한 물질적 욕망이나 걸치레만 화려한 출세에 가려, 자신을 팽개쳐 버리는 어리석음에 대한 경계다! 『변론』에서 강조했던, 소크라테스의 말을 다시 음미해 본다.

인간의 삶은, 비판적으로 검토될 때만, 살 가치가 있다!

헤르더의 『새로운 역사철학』 - 인류사의 목적

헤르더는 칸트의 제자다. 하지만, 칸트와 대립하는 사유를 전개한 사상가다. 괴테, 빌란트, 실러와 함께 '바이마르의 네 별'로 불리며, 독일의 신인문주의 기틀을 다진 인물이다. 바이마르의 헤르더 교회 본당에 묻혀 있는 그의 묘비에는, '빛, 삶, 사랑'이라는 단어가 적혀 있다. 인류를 향한 그의 언표는, 읽는 그대로, 삶을 직시하는 정감(情感)을 불러일으킨다.

이 세계 전체를, 하늘에서 내려 보라!
전지전능한 선의(善意)의 사슬이 수천 겹으로 얽혀 있다. 그 각 부분은, 이 안에서 자신의 위치를 차지한다. 하지만 사슬에 매달려 있는 하나하나의 고리는, 이 사슬이 어디에서 끝나는지를 알지 못한다. 모든 고리가 자신이 그 중심에 놓여 있다고 느끼고, 모든 것이 자신을 둘러싸고 있다고 망상하면서, 이 중심을 향해 쏟아지는 빛과 파장을 즐긴다.
이 모든 파장과 더불어, 후대를 자체 내에 포괄하는 인류의 역사가 '전능한 지혜의 설계도'가 아니고 무엇이겠는가? 이 설계도에 의해 만들어진 집이, '신(神)의 그림'을 가장 미세한 부분에 이르기까지 보여 준다면, 그 안에 살고 있는 거주자(居住者)의 역사도 마찬가지가 아니겠는가? 하나의 장식, 하나의 그림, 하나의 광경은, 수많은 장면으로 이루어진 무한한 드라마의 일부가 아니겠는가?
한순간, 신의 눈길로 내려다 본 이 세계는 깊은 심연이리라!
나는 모든 측면에서 상실된 존재로서, 이 심연 속에 서 있다.

> 여기서 나는, 이름이 없으면서도 이름들로 가득 차 있는, 위대한 작품을 바라본다. 온갖 소리와 힘으로 가득 찬 작품을! 이 모든 소리의 화음(和音)이 귀에 울려오는 바로 그곳에서, 나는 아무것도 느끼지 못하고 있다. 하지만 지금 내가 서 있는 이곳에서, 내 귀에 들어오는 축약되고 혼란된 반향(反響)은, 분명하게 분간할 수 있다. 그 안에서 화음도 찾아낼 수 있다.
> 내가 무엇이건 간에, 하늘에서 지상으로 울리는 소리는, 다른 모든 것들과 마찬가지로, 나 또한 내 자리에서 나름의 의미를 지니는 존재라고 말하고 있다.

헤르더가 노래한 것처럼, 근대적 인간은 이렇게 탄생을 거듭했다. 인간의 다양한 무늬, 즉 인문주의가 새로운 양식으로 그려져 왔다.

존 로크의 『인간지성론』 - 민주주의의 선구

'민주주의(民主主義: democracy)'는, 언제, 어디에서, 어떻게, 출현했을까? 물론, 고대 사회의 직접 민주정치는 그리스의 아테네 폴리스에서 행해졌다. 그러나 현대의 민주주의는 새로운 지성(知性)으로 무장한 근대 계몽 사상가들의 정치 이론에 뿌리를 두고 있다. 그 가운데 로크는 민주정치의 아버지라 불린다. 그야말로 근대 민주주의 사상에 막대한 영향력을 미쳤다. 엄밀하게 말하면, 로크는 정치를 넘어 철학, 종교, 경제, 교육 등 다양한 영역에서 민주주의 사상을 전개했다.

로크는 자신의 시대를 다음과 같이 고민했다.

> 이 세상에 태어나자마자, 나는 격렬한 폭풍우 속에 내동댕이쳐졌다. 이 폭풍우는 지금까지 계속되고 있다. 그러므로 나는 더 없는 기쁨과 만족을 가슴에 안고, 평온한 세상의 도래를 맞이하지 않을 수 없다!

그는 격동의 시대를 살았다. 조국을 떠나 망명의 길을 걸으며, 명예혁명으로 귀국할 때까지, 그의 인생은 소용돌이 자체였다. 그런 와중에, 로크는 그의 철학을 싹틔웠다. 정치에 대한 시선도 새로운 차원으로 끌어올렸다.

로크는 자신의 철학적 사유를 『인간지성론』에 담았다. 그의 철학에서, 무엇보다도 중요한 것은, 근대 철학을 열었던 신배 철학자 데카르트에 대한 도전이다. 로크는 데카르트에 반기를 들며, 낡은 도덕이나

신(神)의 관념을 무너뜨렸다. 데카르트가 말한 신은 인간의 경험과 이성보다 앞서는 것이었다. 이런 데카르트의 선험적 신의 실재성은, 전통적으로 내려오던 낡은 신의 관념과 연관되었다. 로크는 모든 관념의 선험성을 배제했다. 대신, 이를 '인간 지성'으로 이끌었다. 신과 인간 지성을 바라보는 관점의 전환! 그렇게 인간에 대한 관심이 민주주의 사상의 토대로 발전했다.

물론, 로크도 데카르트와 마찬가지로, 신의 존재에 대해, 직관을 통해 확인하는 때가 있었다. 하지만 로크의 철학적 작업은, 어디까지나 여러 개념을 연구하는 데 집중되었다. 그것은 지성의 능력을 설명하는 일이었다. 달리 말하면, 지성의 한계를 아는 일! 그것이 오히려 지성의 힘을 높이는 길이다!

로크는 강조했다.

> 지성의 능력들을 발견하라! 그 힘은 어디까지 이를 수 있는가? 어떤 것에, 어느 정도까지 적합할까? 또한 그것은 어떤 부분에서, 인간에게 도움이 되지 못하는가? 이런 물음을 스스로 확인할 수 있다면, 나의 작업은 사람들에게 다음 일을 이해시키는 데 도움이 되리라. 인간의 조급한 마음이 그 이해력을 넘어서는 내용으로 변할 때는, 보다 주의를 기울여야 한다. 그리고 마음이 이를 수 있는 가장 큰 범위 안에 머물러야 한다. 어떤 사안을 음미한 결과, 인간의 능력이 미치지 못한다는 사실을 깨닫게 될 때는, 조용히 무심한 상태에 만족해야 한다!

이러한 경험론의 관점을 전제로 한 후, 로크는 인간 지성을 탐구해 나갔다.

존 로크의 『인간지성론』 – 지성의 특권

인간의 지성(知性)에 관해, 로크는 확신에 차 있는 듯하다. 『인간지성론』의 「서론」은 다음과 같이 시작한다.

> 인간을, 감지하는 능력을 가진 인간이 아닌 다른 존재의 위에 두고, 모든 점에서 이들 존재보다도 뛰어나게 하며, 지배하게 하는 것은, 지성이다! 그러므로 지성은, 그 귀중한 성질로 보아, 절대로 확실하게, 인간이 애써 탐구할 만한 가치가 있다!

이 지성으로 가는 길목에 감각(感覺)이 자리한다. 그것은 영국 철학의 전통이 근거가 된다. 베이컨에서 홉스에 이르는 '감각적 경험론'을 바탕으로, 로크는 외부 세계가 인간의 감각기관에 영향을 미치는 것이 관념의 시작이라고 했다.

> 하나하나의 감각적 대상에 관여하는 인간의 감각기관이, 사물마다 느껴지는 제 각각의 지각을, 인간의 마음으로 운반해 온다!

인간은 오감(五感)을 가지고 물체와 마주한다. 시각으로 색을 보고, 청각으로 소리를 들으며, 촉각으로 딱딱함을 느낀다. 다름 아닌 외부 세계에서 인상(印象)을 얻는 것이다. 하지만 인간은 감각만으로 관념을 만들 수 없다. 감각은 관념을 얻기 위한 기초이기는 하다. 그러나 이를 토대로, 감각과 다른 형태로 관념을 만든다. 그것은 이성(理性)의 작용이다.

로크는 말한다.

> 경험에 관념을 부여하는 일은, 인간의 내부에서 마음의 작용으로 지각된다. 이 작용은, 정신이 이를 반성하고 고찰하게 되면, 외부의 사물에서 얻을 수 없었던 다른 일련의 관념을, 지성에 부여한다. 지각하고, 생각하고, 의심하고, 믿고, 추리하고, 알고, 의지를 품는 일과 그 밖의 모든 마음의 작용! 인간은 이를 의식하고 스스로의 마음으로 인정한다. 그러므로 인간이 감각기관에 영향을 미치는 물체로부터 얻는 것과 마찬가지로 명백한 관념을 이러한 작용을 통해 지성으로 받아들인다.

인간이 직접적으로 사물과 연관되어, 사물에서 관념을 받았을 경우에 작용하는 것이 '외감(外感)'이다. 그렇다면 마음속의 작용은 바로 '내감(內感)'이다. 이를 토대로 로크는 "마음이 스스로 안에 있는 자신을 반성한다!"라는 의미에서 '반성'이라는 개념을 내놓았다.

인간 지성은 감각(感覺)과 반성(反省)이라는 두 가지 작용으로 관념(觀念)을 구성한다. 인간의 모든 관념은, 이 두 가지 기원 가운데 한 쪽, 또는 다른 쪽에서 생긴다. 그러나 관념을 형성하는 과정에 시간적 모순이 따라오기 마련이다. 감각 쪽이 보다 앞서기 때문에 감각에서 인상을 얻지 않으면, 반성을 통해 관념을 만들 수 없다.

그렇다고 로크에게서 반성이 뒷전이냐? 그건 아니다. 오히려 로크는 인간 고유의 마음 작용이 '반성'에 있다고 생각했다. 이는 수동적 행위가 아니라 능동적 마음의 움직임이다. 마음이 지닌 여러 관념들을 판별하고 구별하는 능력은 일반 동물에게는 존재하지 않는다. 인류에게만 있는 본성이다. 그것이 인간 지성의 특권이다.

존 로크의 『인간지성론』 - 쾌락과 선악의 판단

인간이 살아가면서 느끼는 기쁨과 즐거움은 '쾌락(快樂)'으로 비상한다. 그만큼 쾌락은 삶의 본질적 요소다.

로크는 고대 그리스의 철학자인 에피쿠로스(Epicouros) 이후의 쾌락설을 지지했다. 인간에게 쾌락과 고통의 관념은 반드시 나타난다는 것! 물론, 에피쿠로스는 '신체에 고통이 없는 상태'를 쾌락으로 이해했다. 고통의 부재다. 에피쿠로스의 생각은 간단했다. 일반적으로 말하는 물질적이고 육체적인 쾌락은 고통을 수반하기 때문에 멀리해야 하고, 단지 최소한의 쾌락이 충족되면 그만이다. 하지만, 로크는 보다 심오한 개념을 제시한다.

> 기쁨과 불안은, 모두 '감각'과 '반성', 이 두 가지를 따르는 인간의 관념 대부분과 관련이 있다.
> 외부로부터 받는 감각과 내부에서 느끼는 사고 또한 우리 안에 쾌락 또는 고통을 낳는다!

이러한 감정이 작용하기 때문에 인간은 힘을 쓰고 행동에 나선다. 다시 말해, 인간은 고통을 피하고 쾌락을 추구한다. 그렇기를 바라며 행동한다. 이것이 인간의 본성이자 선이다. 로크의 입장에서 보면, 기독교의 정교도들이 쾌락을 원죄(原罪)로 간주하는 것은 명백하게 인간성을 불신하는 행위다. 로크를 비롯한 계몽 사상가들은, 당연히 그래야 하는 상태를 가지고, 현실의 경험적 인간성을 판단하지 않았다.

그것을 있는 그대로 긍정했다.

로크가 주장하는 쾌락설은 그 내용이 다양하다. 그는 물질적 쾌락보다 정신적 쾌락을 주장했다. 특히, '건강-명성-지식-선행-행복!' 이 다섯 가지의 영속적 쾌락을 중시했다. 그것은 선배 철학자 홉스가 강조한 물질적 쾌락주의가 아니었다.

홉스는 인간의 감각에 쾌락과 고통의 관념이 나타난다고 보았다. 이 관념이 물욕이 되고, 인간을 행동하게 만든다. 대상의 행위가 눈과 귀, 그 밖의 다른 기관에서 마음으로 계속될 때 생기는 모든 효과는, 다름 아닌 운동이다. 이 운동은 달리 말하면 노력이다. 그것은 작용하는 대상에 대한 욕망 또는 혐오다. 즉 물체의 운동이 인간의 운동으로 바뀌어, 물체를 획득하는 운동이 된다. 이 과정에서 욕망이 충족될 때 기쁨이 생기고, 욕망이 부정될 때 불쾌감이 생긴다.

로크는 이와 다른 시선에서 고민했다. 인간이 자기의 의지를 결정할 때, 가장 큰 영향을 끼치는 것은 이상주의 철학에서 말하는 선이 아니다. 눈앞에 닥친 불안감이다.

> 선보다 큰 선이, 의지를 결정한다고 이해되고 인정받더라도, 나는 선의 부재로 불안해지기 전까지는 욕망에 따라 의지를 결정하지 않는다!
> 어떤 사람이, 가난보다 훌륭한 생활이 좋다는 걸 알고 있더라도, 그가 가난에 만족하고 불안감을 느끼지 않는 한, 그는 행동하지 않는다!

이런 차원에서, 로크는 행동의 원동력이, 어디까지나 '개인의 경험적 심리'에 있다고 인식했다. 그것은 18세기 영국 공리주의 사상의 바탕을 형성하는 데 기여했다. 인간에게서 행위의 선악 판단 기준은, 그것이 낳는 쾌락의 양과 결과이기에 그러하다.

존 로크의 『인간지성론』 - 반성과 능동적 힘

인간의 삶에서 반성(反省) 또는 성찰(省察)은 삶의 균형과 평온을 지속하는 데 중요한 요소다. 반성은 되돌아봄과 되새김을 통해, 자신을 바로 세우는 데 일조하기 때문이다. 로크는 이 반성을 지성의 주요한 특성으로 인지했다. 도덕적 공리주의에만 빠지는 단순함을 넘어 지성의 의미를 새롭게 창출해 냈다.

인간의 지성에는 또 하나의 작용인 '반성'이 있다!

인간은 관념(觀念)을 구성할 때, 감각을 통해 물체의 작용을 받아들이고 인상을 받는 수동적 존재다. 물체는 작용을 하고, 인간은 이 작용을 받는다. 때문에 감각 이론에는 '능동적 힘'이 없다. 받아들이는 수동성만이 존재한다. 인간은 이 감각에 따른 인상을 다양하게 비교하고 구성한다. 로크는 인간 고유의 정신력이 이러하다고 판단했다.

뿐만 아니라, 홉스와는 다르게, '운동의 원천은 물질에 있지 않고, 오히려 정신의 작용인 반성에 있다!'고 보았다.

> 인간은 운동의 시작과 관련한 어떤 관념도 '물체'에서 받아들이지 않는다. 정지 상태에 있는 물체는 움직이려고 하는 능동적 힘의 관념을 전혀 주지 않는다. 물체가 운동할 때, 그 운동은 그 물체에 능동적이라기보다 오히려 수동적이다. 인간은 오직 자기 내부를 통과하는 것을 '반성함'으로써, 운동의 시작이라는 관념을 얻는다. 이때 그러고자 하는 의지를 품음으로써, 비로소

전에는 정지 상태였던 몸의 일부분을 움직일 수 있다는 사실을 경험으로 알게 된다. 그래서 인간은, 물체의 작용을 감각기관으로 관찰하는 경우, 능동적 힘의 매우 불완전하고 막연한 관념만 얻게 된다고 생각한다. 마음이 능동적 힘에 관한 관념을 받아들이는 것은 외적 감각이 아니다. 마음 자체를 반성하는 데 달려 있다!

인간은 감각을 가지고 있을 뿐 아니라 마음 자체를 반성한다. 이것이야말로 동물과 다른 인간의 본성이자 스스로 활동하기 위한 능동적 힘이다. 인간은 이 능동적 힘을 갖고 있기 때문에, 여러 욕망과 그 밖의 다른 감각을 비교하고 선택할 수 있다. 자연계의 필연적 법칙에 휘말리지 않고, 이것을 규제할 수 있다.

로크는 이 힘을 단순한 '욕망'과 구별하여 '의지'라고 불렀다.

적어도 인간은 어떤 특별한 움직임을 하거나 하지 않도록 규정하고, 이른바 명령 장소인 마음의 생각 및 선택에 의해, 몇몇 마음의 움직임 또는 몸의 운동을, 시작하거나 억제하거나 계속하거나 정지하는 힘을 인간의 내면에서 발견함은 명백하다. 이 힘은 인간이 '의지'라고 부르는 영역에 속한다.

개인으로서 인간은 단순히 눈앞의 이익만을 좇아 행동한다. 그것은 경험이 일러 준다. 하지만 이러한 행위는 의지를 매개로 하지 않는 한 자발적이라 할 수 없다. 그것은 자연스럽고 필연적이다. 인간은 반성함으로써 다양한 욕구를 음미한 다음에 행동한다. 이성이 감성을 감싸고 있다. 인간의 마음이 그렇게 정하고 명령한 결과, 생기는 움직임의 억제를 '자발적'이라고 한다. 반대로 어떤 움직임이든, 이러한 마음의 생각 없이 이루어지는 것을 '비자발적'이라고 한다.

존 로크의 『인간지성론』 – 인간의 자유

'자유(自由: liberty: freedom)'는 인간이 요청하는 최대의 관심이자 궁극적 지향이다. 로크는 생각했다. 인간의 마음에는, 감각으로 얻은 관념을 비교하고 선택함과 동시에, 다양한 욕구를 행위로 이끌거나 억누르는 힘이 있다. 이것이 인간 고유의 능동적 힘, 즉 의지(意志: will)다. 인간만이, 이 지성에 근거하여 행동할 수 있고, 여기에서 자유의 관념이 생긴다.

> 자유는, 마음의 결정 또는 생각에 따라, 어떤 특별한 행동을 하거나 억제하려는 행위자 안에 있는, 힘의 관념이다!

자연계에서는, 물체에서 감각으로 작용이 전해진다. 생물은 본능에 따라 행동한다. 때문에 필연적 법칙은 있으나 자유는 없다. 자유는, 자기 의지로 행동을 결정할 줄 아는, 인간 세계에만 존재한다. 다시 말해, 자유란 적극적으로 인간의 선택과 의지에 따라 행동하거나 하지 않는 것이다! 이 지점에서 로크를 비롯한 계몽 사상가들이 강조한 자유주의 사상의 본질이 드러난다.

로크는, 감각적 충동이 이끄는 대로 눈앞의 이해관계에 따라 행동하는 것을, 자유라고 보지 않았다. 인간은 언제나, 인간을 유혹하고 의지를 결정하려 달려드는 불안감을, 아주 많이 품고 있다. 그러므로 보다 중대하고 긴급한 사안이 다음 행동을 결정짓는다. 이는 자연스러운 현상이다. 인간인 이상, 물질적 욕구나 감각적 쾌락에 이끌리기 쉽다.

다른 한편으로, 인간은, 이 모든 욕망을 비교하고 검토하는, 능동적 마음으로 움직인다! 그것은 경험이 증명한다. 여기에 욕구 충족을 일시적으로 정지하고 판단하는, 인간의 자연성과 자유가 자리한다.

> 경험으로도 명확히 알 수 있듯이, 대체로 마음에는 다양한 욕망의 실행과 만족을 정지시키는 힘이 있다. 이런 식으로, 인간은 모든 욕망을 하나씩 점진적으로 지배한다. 그러므로 마음은 자유롭게 이들 욕망의 대상을 고찰하고, 사방에서 음미하며, 다른 욕망과 무게를 비교할 수 있다. 여기에 인간의 자유가 있다!

인간이 지성의 움직임으로 욕구를 지배하는 것은 확실하다. 하지만 모든 인간이 이러한 지성을 처음부터 갖추고 있는 것은 아니다. 그것이 오히려 인간의 바람직한 모습이다. 로크의 바람은 단순한 경험만을 중시하지 않는다. 이성에 의한 감성의 억제를 강조한다. 그것은 인간이 쟁취해야 할 의무다.

로크는 말한다.

> 인간의 어떤 행동이 정지된 동안, 인간이 계속 실행하려던 선악을 음미하고 판단할 기회를 얻어, 그것을 올바로 음미하고 판단했을 때, 우리는 의무를 다한 것이다. 행복을 추구할 때, 해야 하는 일을 한 것이다.

이런 과정이 다름 아닌, 인간 본성의 형식이자 완성이다! 인간의 지성은 그렇게 자유를 향한다.

몽테스키외 『법의 정신』 - 법의 조건과 삼권 분립

새삼스럽게, 돌이켜 물어본다. 민주주의란 무엇일까? 무엇이어야 할까? 민주주의는 법치(法治)를 뿌리로 한다. 법치가 무너지면 민주주의도 붕괴된다는 의미다. 법치 가운데서도 근대 민주주의의 근간을 정립하는 데 결정적으로 기여한 사상가가 몽테스키외다. 그는 왜, 무엇을 위해, 『법의 정신』을 저술했을까?

1748년 11월, 환갑을 앞둔 몽테스키외는, 스위스 제네바의 바리오 서점을 통해 『법의 정신』을 출간했다. 자신의 이름을 걸지 않고, 그것도 외국에서, 익명으로 세상에 선보였다. 이때는 루이 14세가 사망하고 절대 왕조가 몰락하던 시기였다. 몽테스키외는 이 책이 출간하기까지, 혼란의 시기를 견뎌 내며, 40여년의 세월 동안 고심을 거듭했다. 그리고 4년 동안 집필에 몰두했다. 여러 나라의 법률제도를 논의하고, 그 속에 담겨 있는 공통분모를 '법의 정신'으로 그려 냈다.

당시의 법률가들 대부분은, 시대나 지역을 초월하는 보편적인 자연법을 법의 이상적 모습으로 인식했다. 때문에 인간관이나 사회관을 통해, 바람직한 법률을 도출하려고 했다. 하지만 몽테스키외는 달랐다. 다양한 법이나 풍습을 경험주의적 방법으로 연구하여 '법의 원리'를 정돈했다.

몽테스키외는 깊이 생각했다. 바람직한 법률의 모습은 어떠해야 할까? 기본적으로 세 가지 조건에는 부합해야 한다!

첫째, 법의 상호관계 조건
둘째, 자연적 조건
셋째, 정신적 조건

'법의 상호관계 조건'은 법의 목적과 효과가 서로 합치되어야 하고, '자연적 조건'은 그 지역의 자연과 관련이 있어야 하며, '정신적 조건'은 그 지역에 사는 사람들의 생활과 관련이 있어야 한다는 것이다. 당연하다.

법은 그 목적과 운영의 효과가 일치되어야 제대로 기능할 수 있다. 실제 생활에 쓰이지 않는, 제정만 해 놓은 의미 없는 법들이 얼마나 많은가! 자연적·정신적 조건도 마찬가지다. 그 지역의 자연과 거기서 생활하는 사람들과 직접적 연관이 없다면, 그 법률이 무슨 의미가 있겠는가!

문제는 법을 운용하고 집행하는 권력자다. 여러 이유가 있겠지만, 권력을 손에 쥔 자는 그렇지 않은 사람에 비해 법을 남용(濫用)하기 쉽다. 그럴 경우, 법이 제대로 운용되거나 집행되기 어렵다. 때문에 민주주의 법치는 절대 권력에 대한 경계나 억제를 필연적으로 요청한다.

이 지점에서 등장하는 구조가 '삼권분립(三權分立)'이다.

입법권-재판권-집행권!

입법권은 법을 만드는 권리다. 이는 입법부인 국회[의회]가 가지고 있다. 재판권은 법의 운용을 감시하는 권리다. 이는 재판소, 즉 사법부 소관이다. 집행권은 공적 의결 사항을 집행하는 권리다. 이 권리는 몽테스키외가 살았던 당시에 군주(君主)에게 있다고 적시했다. 현재로 보면 대통령을 중심으로 하는 행정부에 있다.

이 세 가지 권력은 상호 억제하는 힘을 가진다. 권력이 한쪽으로 치우치지 않도록 만드는 사회적 장치인 셈이다. 그것은 당시 '서민'과 재판소를 장악한 '귀족', 그리고 '군주'가 사회적 균형을 이루고, 건전한 삶을 도모하려는 민주 정신의 발로이다.

이후, 삼권분립의 원리는 프랑스 인권선언의 기본 원리가 되었고, 미합중국 헌법에서 구체적으로 실현되었다. 그렇다면, 민주주의는 삼권분립에서 시작하는가?

몽테스키외 『법의 정신』 - 역사적 메시지

책의 출간은 문명의 전환을 예고한다. 그것은 사유의 변화이자 삶의 탈바꿈을 유도한다. 『법의 정신』은 스위스 제네바, 즉 외국에서 익명으로 출간되었다. 익명으로 출판하는 대신, 다음과 같은 표어를 붙였다.

엄마 없이 생긴 아들!

익명인 이유는 간단했다. 사상 규제의 칼날을 피하기 위해서였다. 막상 책으로 출판되자, 유럽 전역에 널리 퍼졌고, 평판이 자자했다. 하지만 교회 측의 거센 반발과 판매 금지령으로 엄청난 시련을 겪었다. 몽테스키외는 『법의 정신 변호론』으로, 그러한 사회적 비난에 대처하려고 했다. 그러나 결국은 로마 교황청이 유죄판결을 내렸고, 금서(禁書)가 되고 말았다.

이후, 개정판 출간을 앞두고, 몽테스키외는 다음과 같이 다짐했다.

나는 이 책에 모든 정력을 쏟았다.
죽음에 임박할 지경이다.
앞으로는, 더 이상 일하지 않고, 휴식만 취하겠다!

그만큼, 그는 『법의 정신』 집필에, 평생의 열정과 노력을 쏟아부었다. '법'이라는 표현이 대표적인 키워드로 드러나지만, 이 책은 사회과학 일반론을 다루고 있다. 원래의 책 제목은 『로마법 계승으로서 프랑스 및 여러 봉건 국가의 법에 관한 연구로서의 정치·풍토·종교·교역 등에 관한 법의 정신 또는 그 연구』였다. 조금 긴 책의 제목에서 사회과학을 다루고 있다는 느낌이 물씬 풍긴다. 6부 31편으로 구성된 이 책은 세계 여러 나라, 각 시대의 다양한 법률을 근거로, 그것을 꿰뚫는 법의 정신을 추적했다.

법은 인간의 이성에 의한 것이다. 그러나 그것은 그 나라 정치 체제의 성격과 원리, 땅의 형세, 풍토, 종교, 상업, 생활양식 등과 필연적 연관을 갖는다. 예를 들면, 11편 6장 영국헌법을 다루는 곳에서, 몽테스키외는 정치적 자유를 직접 목적으로 하는 영국헌법을 적극적으로 찬양했다. 그리하여 정치적 자유를 주장하고, 고문과 노예제도를 반박하는 등, 인도적 차원을 강조한다. 그런 진보적 사고는 사람들의 공감을 불러일으켰고, 그를 계몽사상가로 우뚝 서게 만들었다.

이러한 『법의 정신』이 던지는 메시지는 여러 차원에서 조망할 수 있다. 크게는, 다음과 같이 두 가지로 정돈할 수 있다.

첫째, 학문방법론에 새로운 기운을 불어 넣었다. 그것은 19세기 법률의 다양함과 그 원인의 탐구를 제시하는, 상대적·역사적 고찰과 문화 현상의 역사적·사회적 고찰이라는 방법론의 선구가 된다.

둘째, 프랑스 혁명 과정에서 우파(右派)의 이론적 바탕이 되었다. 그것은 '자유 민권(自由 民權)' 사상 형성의 기반으로 작용했다.

『법의 정신』에서 몽테스키외가 일관되게 지속한 저술 자세는, 한마디로 말하면, '실증주의(實證主義: positivism)'다. 사회현상이 지향하는 필연적 관계와 발전 법칙을 생각하는 일! 그것은 사회현상을 법칙적 측면에서 이해하려는 자세다. 몽테스키외 이후, 이런 연구 방식은 콩도르세와 생시몽을 거쳐, 콩트에서 완성된다. 이들의 학문적 열정은 프랑스 사회학의 방법 체계를 구체적으로 제공했다.

몽테스키외『법의 정신』- 법의 본질

법은 무엇을 담아야 할까? 아니, 어떤 형식과 내용으로, 인간의 삶을 편하게 만드는 데 기여할 수 있을까?『법의 정신』은, 크게 세 부분으로 나눠, 논의의 장을 펼친다. '법의 본질론–정치 체제론–정치적 자유론'이 그것이다.

'법의 본질론'은, 먼저 '법과 사물의 관계'를 밝힌 다음, '자연법'과 '실정법'을 논의한다. 법은 가장 일반적 의미로 사물의 성질에서 발생하는 필연 관계다. 법과 사물 사이에는 필연적 관계가 존립한다. 그 전제는 '최초에 하나의 원시이성(原始理性)이 존재한다!'라는 것이다.

신은 모든 존재를 창조하면서 여러 법칙을 제시했다. 그것은 모든 존재를 보존하는 법칙이기도 하다. 그런 법칙이 없는 세계는 잠시도 존속할 수 없다! 때문에 인간이 법률을 제정하기 전, 이미 정의로운 관계가 가능했다.

신의 법칙과 달리, 인간의 세계는 본디 불법적인 법을 가진다. 하지만 물질세계처럼 정확히 그 법에 따라가지는 않는다. 개별 존재로서 인간은 일정한 성질을 갖고 있다. 때문에 오류에 빠지기 쉽고, 특성상 자주적으로 행동한다. 이런 점에서 개별 인간은 '원시적인 법'을 충실히 따르지 않는다. 심지어는 자신이 만든 법까지도 침해한다. 이에 신은 인간이 자신의 의무를 기억하도록 '종교법'을 두었다. 인간은 자기 존재조차도 잊는 수가 있다. 이에 철학자들은 '도덕법'으로 그들을 규율했다. 사회에서 타인의 존재를 잊을 수도 있으므로 입법자들이 '공법'과 '사법'으로 자신의 의무를 준수하도록 규정했다.

'자연법'은 '종교법'이나 '도덕법', '공법·사법'의 발생 이전에 존재한다. 인간은 자연 상태에서 어떤 지식을 얻기 전에는 지식의 기능과 역할을 알지 못한다. 그러므로 자기의 보존만을 생각할 뿐이다. 자신의 무력함 외에는 아무것도 느끼지 못한다. 그러한 인간은 오직 두려움과 불안을 느낀다. 자기의 열등함 외에 평등을 의식하지 못한다. 서로 공격할 생각조차 갖지 않는다.

그러기에 제1의 자연법은 '평화'다. 인간이 자기의 무력감을 깨달은 이후에는 자기 욕망의 감정을 깨닫게 된다. 때문에 제2의 자연법은 '물질적 욕망의 추구'다. 이어 제3의 자연법은 '자연스러운 애호성(愛好性)'이다. 이는 일종의 정신적 교감이다. 인간 사이의 두려움이 인간을 결합시키는, 동일한 인간으로서 같은 부류가 서로에 대해 느끼는, 감정이다. 마지막으로 제4의 자연법은 '사회 안에서 생활하려는 욕망'이다. 인간은 모든 동물이 지닌 감각이나 충동 이외에 '지식'을 지니고 있다. 그것은 상호 간에 사회적으로 결합하려는 동기를 부여한다.

실정법은 보다 엄밀한 차원이다. 인간이 사회에서 활동할 때, 개인 사이에는 평등이 사라진다. 모든 사회는 개인의 힘이 어떤지를 느끼기 때문에, 개인이나 사회 사이에는 저마다 '투쟁 상태'가 빚어진다. 지배자와 피지배자 사이에는 '정치법'이 만들어지고, 구성원 사이에는 '시민법'이 생겨나, 서로를 규제한다. 이런 것이 개별법의 개념이다.

한 나라의 법은 그 나라 토지의 형세, 기후, 풍토, 위치, 면적, 주민들의 직업, 그리고 헌법이 허용하는 개인의 자유 정도, 종교, 주민의 성향, 빈부, 인구, 상업, 풍습, 생활양식과 연관되어야 한다.

몽테스키외 『법의 정신』 - 정치 체제

정치 체제는 인간의 삶을 규정하는 바로미터다. 정치 체제의 특성에 따라, 삶은 형식과 내용을 달리 한다. 몽테스키외가 분류한 정치 체제는 세 가지다. '공화정(共和政: republic)'과 '군주정(君主政: monarchy)', 그리고 '전제정(專制政: autocracy)'이다.

'공화정'은 국민 전체가 주권을 갖는 '민주정(民主政: democracy)'과 국민의 일부가 주권을 갖는 '귀족정(貴族政: aristocracy)'으로 나뉜다. '군주정'은 정립된 법에 근거한 1인 통치 체제이고, 전제정은 법에 의거하지 않고 통치자 1인의 의지에 따라 자의적으로 통치하는 정치 형태다.

정치 체제의 문제는, 그 '성질'과 '원리'라는 두 차원이 자리한다. 정치 체제의 '성질'은 '법 이론'이다. 법 이론은 '정치 체제 조직의 논리적 내용'을 말한다. '원리'는 '정치 이론'이다. 정치 이론은 '정치 체제 조직의 운용'을 말한다. 다시 설명하면, '성질'은 '구조'의 문제이고 '원리'는 '감정'의 문제이다.

몽테스키외는 강조했다.

군주 없는 귀족 없고, 귀족 없는 군주 없다!

그는 정치 체제의 성질을 논의할 때, '군주정'의 근본 법칙을 다음과 같이 정돈했다. "성직자나 귀족, 도시와 같은 특권을 폐지한다면, 민주정치가 생기거나 전제정치가 생겨난다!" 때문에 '군주정'에서는 새로운 법을 공포하고, 옛날 법을 폐지하는 권한을 가진 정치 단체,

즉 '법의 수탁자'가 필요하다.

정치의 원리에 대해서는 이렇게 정리했다. "정치 체제의 근본 원리가 되는 것은, 그 조직에 활력을 불어넣는 인간의 감정이다!" 정치적 의미에서 '덕성(德性)'은 공화정의 원리다. 예를 들면, '조국애'나 '평화 사랑' 등이 이에 속한다. 그러므로 민주정은 덕성을 제1원리로 한다. 덕성을 잃어버릴 때, 민주정은 망하기 마련이다. 귀족정은 '절제'가 덕성이고, 군주정은 '명예'가 최고의 원리다. 공화정에서는 야심(野心)을 가지면 해롭다. 부정적 결과를 초래한다. 하지만, 군주정에서는 이롭다. 긍정적인, 좋은 결과를 가져온다.

그런데 전제정에서는 덕성이 전혀 필요 없다! 명예를 강조하는 것은 위험하다. 오직 '두려움'이 요구된다. 때문에 전제정의 제1원리는 '두려움'이다. 전제정치 아래에서 국민은 동물과 다름없다. 형벌과 굴종이 있을 뿐이다. 그러나 종교 앞에서는 다르다. 모두가 똑같이 신에게 복종해야만 한다.

이런 차원에서 보면, 군주정에서는 '명예'를 존중하는 교육이 요청되고, 민주정에서는 부의 평등한 '분배', 귀족정에서는 부와 권력의 '절제', 군주정에서는 귀족의 '특권 보호'를 법의 기본 목적으로 한다. 이것이 몽테스키외가 법률을 제정하고, 그것을 교육해야 하는 주요 논지다.

정치 체제의 변화에 대한, 몽테스키외의 인식은 논리적이고 체계적이다.

> 정치 체제의 해체나 와해는 언제나 그 정치 체제 원리가 해체되는 것에 따른다!

> 공화정은 최소의 영지에, 군주정은 중간 크기의 영지에, 전제정은 최대의 영지에 적합하다!

이는 정치 체제가, 절대적으로 영구히, 지속되는 것을 인정하지 않는다는 의미다. 세상의 변화와 시대 상황의 전환에 따라, 몽테스키외는 정치 체제의 상대성, 그 변화의 필연성 또는 필요성을 열망했다.

몽테스키외 『법의 정신』 - 정치적 자유론

인간에게, '자유의 중요성'은 더 이상 거론할 필요조차 없다. 몽테스키외는 정돈했다.

> 자유는, '인간이 자신의 의사에 따라 행동하고 있다'라는 신념에 기초한다!

자유에는 '정치적 자유'와 '시민적 자유'가 있다. 정치적 자유는 국가, 즉 법이 존재하는 사회에서, 원하는 것을 할 수 있고, 원하지 않는 것을 강제당하지 않음이다.

'정치적 자유'는 두 가지로 나누어 볼 수 있다. 하나는 '헌법에 관한 자유'이고, 다른 하나는 '시민에 관한 자유'이다. '헌법에 관한 자유'는 "권력 분립에 따라 보장된다!"라는 자유이고, '시민에 관한 자유'는 "훌륭한 형사법과 경찰법에 따라 보장된다!"라는 자유이다. 이 정치적 자유에서 몽테스키외는 삼권분립을 주장했다. '입법권', '만민법에 관한 사항의 집행권', '시민법에 관한 사항의 집행권'이 그것이다.

하지만, 몽테스키외의 주장이, 현대 민주주의에 그대로 적용된 것은 아니다. 예를 들면, 선거에서 1인 1표제 반대, 집행권을 군주 1인에게 위임하는 일 등, 현재 구현되고 있는 민주주의의 시각에서 볼 때, 엄연히 한계도 있다. 그렇다 하더라도, 정치사상사에서 『법의 정신』은 아리스토텔레스의 『정치학』 이래, 18세기 최대의 저작으로 평가된다. 그런 만큼 근대 민주주의의 씨앗으로 자리매김된다.

몽테스키외는 정치적 자유와 관련하여, 보다 엄밀하면서도 흥미로운 탐구를 실증적으로 진행했다. 자연환경과 인문환경을 정치적 자유와 연계했다.

자연환경의 경우, 기후나 습도, 토지의 비옥도를 정치적 자유와 관련시켰다. 추운 기후는 정력과 활기, 자유 정부에 적합하다. 따뜻한 기후는 게으름과 노예, 전제 정부와 관련되는 점이 많다. 유럽의 경우에는 토지가 좁기 때문에 자유국에 적합하다. 아시아는 산맥이 높고 하천이 길며 지역이 넓어 전제정치가 올바르다.

인문환경의 경우, 국민정신, 습속, 생활양식, 상업, 화폐, 인구, 종교 등을 정치적 자유와 연관시켜 고찰했다. 때문에 그리스도교는 군주정, 이슬람교는 전제정에 어울린다고 지적했다. 요지는 간단하다. 법이나 정책은 한 사회의 다양한 인문환경과 부합해야 한다!

이런 주장으로 인류의 정치사상사에 빛을 던진 후, 만년의 몽테스키외는 실명에 가까운 상태에서 세상을 떠났다. 사망 후 발견된 그의 노트에는, 인류애로 가득 찬 한 마디가 적혀 있었다.

인류를 사랑하는 일은, 신을 사랑하는 일이다!

루소의 『인간 불평등의 기원』 – 유년기의 경험들

인간은 평등할까? 모든 사람이, 기독교 하나님 앞에서, 또는 법 앞에서, 동등한 대우를 받을 수 있는 걸까? 어떤 사람은 '절대 그렇지 않다!'라고 하고, 또 어떤 사람은 '그렇다' 또는 '그렇게 되어야 한다!'라고 외친다. 평등! 인간 사회에서 이를 구가하기란, 참으로 어려운 문제다.

계급사회나 군주주의 시대의 경우, 이미 불평등이 전제되어 있다. 그만큼 '평등'을 돌아볼 틈조차 없다. 하지만, 민주주의의 정체로 사회가 진보할수록, 이 문제는 초미의 관심사로 등장한다. 인간이 왜 불평등한가? 평등해야 하는 게 아닌가!

18세기, 인간 불평등의 기원을 고민한, 한 사상가가 있었다. 교육소설 『에밀』로 유명한 루소다. 루소는 현재의 스위스 제네바에서 태어났다. 하지만, 선조들은 본래 프랑스 지역 출신이라고 한다. 어머니 수잔 베르나르는 39세에 루소를 낳은 뒤, 9일 만에 세상을 떠났다. 루소는 태어났을 때부터 병약하고 예민했다. 그를 돌봐 주고 길러 준 사람은 고모인 수잔 루소였다. 고모는 '음악'에 취미가 많았고, 여러 방면에서 어린 루소를 가르치는 일에는 관심이 없었다. 어쩌면 음악 이외에, 고모가 루소에게 영향을 미친 것은, 아무것도 없었는지도 모른다.

10세 무렵까지, 루소의 교육은 전적으로, 시계를 만드는 장인(匠人)이었던 아버지 이작 루소에 의해 이루어졌다. 아버지는 먼저 세상을 떠난 어머니에 대한 추억에 매달릴 정도로, 인정이 넘치는 사람이었다. 어머니의 존재를 거의 알지 못했던 루소에게, 아버지는 수시로, 정겹게 말해 주곤 했다.

"네 엄마 얘기를 해 주마!"

그때마다 루소는 대답했다.

"네, 좋아요. 하지만 우리는 또 울 거예요!"

그러면 아버지의 눈에는 바로 눈물이 흘렀다고 한다. 이런 환경에서 성장한 루소는 말했다.

"나는 생각하기 전에, 먼저 느꼈다!"

아버지는 어린 시절부터 엄청난 양의 독서를 시켰다. 그러나 루소는, '그런 교육이 행복하지는 않았다!'라고 한다. 어른이 된 후, 루소는 고백한다.

> 나는 사물에 대해, 어떤 관념도 갖고 있지 않았다. 하지만 이미 그에 관한 감정을 알고 있었다. 즉 나는 아무 것도 몰랐지만, 모든 것을 느끼고 있었다. 내가 계속해서 경험한 모호한 이런 정서는, 나에게 없었던 이성을 나쁘게 하지는 않았다. 그러나 다른 종류의 이성을 만들어 내고, 내 인생에 대해, 묘한 감성적 관념을 갖도록 했다. 그리하여 인생의 경험과 반성도, 그런 생각을 가진 나를 고칠 수 없었다.

10세를 지나면서, 루소의 인생에 결정적 계기가 찾아온다. 어떤 사건으로 인해 아버지가 3개월 동안 감옥살이를 하게 되고, 집안이 몰락하기 시작했다. 루소도 외삼촌 집으로 보내졌고, 다시 그 마을의 목사와 목사의 누이동생인 랑베르세라는 독신 여성에게 맡겨졌다. 랑베르세는 루소가 무언가 잘못했다고 판단될 때, 루소의 뺨을 때렸다. 그렇게 잦은 체벌(體罰)은 평온했던 루소의 어린 시절을 암울하게 만들었다. 아니, 인생을 바꾸는 결정적 계기로 작용했다.

루소는 랑베르세에게 뺨을 맞을 때, 고통과 부끄러움 속에서도, 그 벌을 한 번 더 받고 싶은 육감적 느낌을 깨달았다. 그 체벌은 다른 양상으로 사람의 감정을 충족시키는 것을 불가능하게 만들었다. 이런 경험은 나중에 루소의 취미나 열정을 형성하는 데 기여했다. 자신 속으로 파고 든 어린 시절의 경험은 루소의 사유를 새로운 방향으로 이끌었다.

사랑은 예속 감정이다!

그러기에 루소는 여성을 유혹하거나 정복하는 데 필요한 기술을 경멸하게 되었다.

루소의 『인간 불평등의 기원』 - 청소년기의 깨달음

10세 이전의 어린 시절, 아버지가 감옥살이를 하며 집안이 몰락하기 이전까지, 루소의 유년기는 나름대로 행복했다. 엄마를 그리며 나눈 아버지와의 대화, 다양한 독서를 통해 느꼈던 교육의 맛들!

그런 시기를 지나고, 13세 무렵부터, 루소는 조각가인 뒤코망의 견습생 생활을 하며, 다시 독서에 몰두했다. 동서고금을 막론하고, 인간은 어떤 사람을 만나 어떻게 인생을 전개하느냐에 따라, 삶의 방향이 좌우되는 경우가 많다. 루소도 마찬가지였다.

당시, 뒤코망은 20세. 결혼한 지도 얼마 되지 않았다. 때문에 견습생 교육에 전념하거나 제자 훈련을 할 수 있는 처지가 아니었다. 그는 견습생들을 매우 포악하게 대했다. 이는 루소의 다정하고 쾌활했던 성격을 무기력에 빠트리며, 유년 시절을 매우 어둡게 만들었다. 뒤꼬망의 견습생 생활은 루소를 거짓말, 게으름 피우기, 도둑질 등의 불량청소년으로 전락시켰다.

루소는 나중에 그때의 일을 다음과 같이 회상했다.

> 갈망과 무기력은 반드시 사람을 이렇게 만든다. 모든 일꾼과 견습공이 그렇게 될 수밖에 없는 것은 바로 이런 이유 때문이다. 그러나 눈에 보이는 것, 손에 넣을 수 있는 평등하고 안정적인 신분으로 점차 자리 잡아가면서, 그들은 부끄러워해야 할 일을 하지 않게 된다.

그러다 16세 때부터, 루소는 서서히 자유를 향한 여행을 시작했다. 방랑의 여행길이었다. 20세에 들어설 무렵 어느 날, 루소는 파리를 떠나 리옹으로 걸어갔다. 도중에 많은 일들을 목격했다. 그러다가 허기와 갈증을 채울 겸, 아주 경치가 좋은 아름다운 마을에 들렀다. 그런데 이게 웬일인가? 루소의 체험은 충격 그 자체였다.

마을 입구에 있는 한 농가의 문을 두드렸다. 허름한 차림의 농부가 경계의 눈빛으로 문을 열었다. 루소는 부탁했다.

"돈을 드릴 테니 밥을 좀 주세요!"

농부는 크림을 떠내고 남은 우유와 보리빵을 내주었다. 루소는 허겁지겁 바로 먹어 치웠다. 그 모습을 보고 있던 농부가 말했다.

"젊은이는 정직해 보이는군. 나를 등쳐 먹으려고 찾아온 사람은 아닌 것 같네!"

그러고는 숨겨 놓았던 빵과 햄, 포도주 한 병을 가지고 왔다. 뿐만 아니라 두툼하게 만든 오믈렛까지 주었다.

농부는, 처음 루소를 보았을 때, 세금을 독촉하거나 저장고의 술을 갈취하러 온, 불한당으로 의심했다. 조금 뒤, 그게 아니라는 사실을 깨닫자, 안심하고 음식을 내놓았다. 그 정도로 당시 사람들은 세금을 무서워했다. 그들은 왕이 부과하는 각종 세금을 두려워한 나머지, 낯선 사람이 방문하면 무조건 가난한 척했다. 생활이 넉넉하다는 사실이 알려지게 되면, 가차 없이 세금을 올릴 것이기 때문이었다. 왕은 사람들을 철저히 착취했다. 착취당하는 민중들의 모습은 루소에게 깊은 인상을 남겼다.

나는 불행한 사람들을 괴롭히는 압제자들을 미워한다!

이런 감정은, 그런 지방을 여행하는 도중에 싹트게 되었다. 자연은 인간에게 아름답고 풍요로운 은혜를 베푼다. 그런데 압제자들은 그 은혜를 무거운 세금으로 파괴한다. 루소는 이러한 현실에 강한 분노를 느꼈다.

그렇게 어린 시절과 청소년 시기가 지났다. 이런 경험이, 인간의 불평등이 무엇인지 탐구하는 싹이 되었을까?

루소의 『인간 불평등의 기원』 – 자유와 해방, 그리고 문명의 부패

루소의 사유를 보면, 플라톤, 홉스, 그로티우스, 로크, 몽테뉴 등 다양한 사상가로부터 영향을 받았다고 판단된다. 그 가운데 루소가 시종일관 추구한 것은 간단했다.

인간의 자유(自由)!
자유를 해치는 악(惡)으로부터의 해방(解放)!

강렬하게, 자유와 해방, 이 두 개념에 집중되었다.

계몽사상가들, 특히, 18세기에는 '악(惡)'의 문제가 철학의 주요 논의 가운데 하나였다. 그것은 계몽주의의 사상적 특징에 기인한다. 인간을 불안하고 불안전한 것으로 만드는 전통 종교에 대한 반동!

예를 들면, 피에르 벨은 "이 세상에서 존재하는 악은, 이 세상을 창조한 전지전능한 하나님의 섭리로도 합리적으로 설명할 수 없다. 때문에 종교는 도덕에 아무런 영향력을 갖지 못한다!"라고 했다. 라이프니츠의 경우, "악(惡)은 음악의 불협화음(不協和音)처럼, 전체의 미(美)와 선(善)을 위해 필요하다!"라고 생각했다.

그러나 루소는 이들과 달랐다. 악의 문제를 순수하게 철학의 문제로 다루지 않았다. 대신, 자신에게 직면한 악을 다루었다. 사회제도나 정치에서 악의 근원을 찾았다. 매우 현실적이고 구체적이다. 이런 태도는, 루소에게 필연적으로, 제도적으로나 인위적으로 만들지 않은 '자연'에 관심을 돌리고, 자연을 중시하게 만들었다.

루소는 생각했다.

자연 상태에서 인간은 자유롭다! 삶을 즐길 수 있다!
그에 반해, 사회 속에서 인간은 자유를 잃고 불행하다!

때문에 인간은 자유롭고 행복해지기 위한 방법을 '인간 자체'와 '사회'에 관한 고찰, 두 측면에서 추구해야 한다! 이것이 루소가 고심했던 사상의 주제였다.

'자연'은 '인간 사회'와 상대어가 되었다. 자연은 있는 그대로이고, 사회는 만들어서 꾸미고 제도화한 것이다. 제도화는, 달리 말하면 문명의 건설이다. 문명의 바탕이 되는 것은 학문 또는 예술이다. 루소는 1749년, 30대 후반 무렵, 문명에 의해 인간이 어떻게 부패하는지 고민했다. 그것이 「학문예술론」이라는 논문이다. 루소는 탐구했다. 르네상스 이래, 학문이나 문학, 예술의 부흥이, 어떻게 인간으로부터 그 본래의 자유를 빼앗았는가? 노예 상태를 사랑하는 문명인을 만들어 내고 있는가?

루소는 진지하게 성찰한다. 학문이나 예술이 인간의 풍속을 부패하게 만든다! 그것이 오히려 민중을 억압하는 수단으로 사용되고 있다! 하나의 예로, 인간이 지켜야 할 '예절'이라고 만들어 놓은 것을 직시해 보라! 이게 도대체 무엇인가!

인위적 규범들을 지키도록 인간에게 예의를 강요하면서, 인간의 정념에 고의적인 말을 쓰도록 가르치지 않았던 시대에는, 인간의 풍속은 세련되지는 않았지만 자연스러운 것이었다.

그리고 태도의 차이가 언뜻 성격의 차이를 알려 준다! 오늘날에는 치밀한 연구와 섬세한 취미가 사람들에게 호감을 주는 방법이 되었다.
인간의 풍속 안에는, 무가치하며 사람을 잘못된 판단으로 이끄는 획일성이 지배한다. 모든 정신은 같은 형태 안에 있는 것 같은 느낌이 든다. 끊임없이 예의가 요구되고, 예절이 명령처럼 부과된다. 사람들은 끊임없이 관습을 좇으며, 자신의 고유한 재능을 따르려 하지 않는다. 사람들은 이미 과거에 매몰되어, 자신이 사는 시대의 사람처럼 행동하지 않는다!
이 영원한 속박 속에서, '사회'라는 무리를 형성하는 인간은, 같은 환경 속에 놓인 채, 더욱 강한 동기가 인간의 마음을 움직이지 않는 한, 동일한 일을 반복한다!

루소의 비판은, '인간 사회가 이루어 놓은 문명'에 직격탄을 날린다. 날카롭다. 예의나 예절은, 인간 사회의 생활을 보다 쾌적하고 아름답게 만들어 가는 데 기여할 수 있는, 일종의 윤활유와도 같다.

그러나 루소의 시선은 달랐다. 그것은 인간의 본질을 잃게 하고, 인간을 소외시키는 것이다. 그런 만큼 사회적 연대를 저해한다.

루소의 『인간 불평등의 기원』 - 정치에 대한 관심과 불평등

인류 문명의 진보를 이루는 바탕에 학문과 예술이 자리한다. 이 학문과 예술이 문제다! 루소에 의하면, 천문학(天文學)은 미신에서 생겨나고, 기하학은 인색함에서 비롯되었다. 그것은 학문과 예술이 인간의 악덕에서 생겨났음을 반증한다. 학문과 예술이 미덕에서 탄생했다면, 그들이 인간을 부패시키지 않았으리라.

예술은 사치 없이 자라날 수 없다. 법학은 불의가 없는 곳에서는 어떠한 도움도 줄 수 없다. 역사는 폭군이나 전쟁, 음모를 꾸미는 자가 없이는 성립되지 않는다.

목적이 공허한 학문이나 예술은 시간 낭비일 뿐이다! 이는 인간 사회가 피해를 입는 최초의 사건이다. 그것은 한가하게 생활하며, 선을 행하지 않는 사안이기도 하다.

물론, 인간 사회의 해악, '시간 낭비'와 '허영'으로부터 탄생한 사치는, 때때로 학문이나 예술 없이도 존재한다. 하지만, 결코, 사치 없이, 학문이나 예술은 성립하지 않는다. 이런 인식에 기초하면, 학문과 예술은 사회에 해악으로 작용한다. 그렇다고 그것이 미덕과 양립하는 것도 아니다. 사치에 기인한 사회 풍속의 부패는 취미를 타락시킨다. 이렇게 생활이 더욱 편리해지고, 학문과 예술이 완성을 지향하고, 또 사치가 퍼져 나가는 사이에, '진정한 용기'는 약해졌다.

이런 모순은 어디에 근본하는가? 그것은 인간 재능의 차별과 덕성의 타락! 그것으로 인해, 인간에게 주어진 유해한 불평등에 기인한다. 이렇게 루소는 인간 불평등의 기원에 접근한다.

『인간 불평등의 기원』은 루소의 나이 40세, 1752년에 쓴 『나르시스』의 「서문」에 담긴 사유를 확장시킨 것이다. 루소는 「서문」에서 정치적 '악'과 '부정'을 분명하게 거론했다. 루소는 말했다.

> 기묘하게 불행을 초래하는 정치 체제 아래에서는, 축적된 부가 언제나 더 큰 부의 축적을 쉽게 하도록 만든다. 아무것도 갖지 않은 사람은, 어떤 것도 얻을 수 없다. 착한 사람은 비참으로부터 벗어날 어떠한 수단도 갖지 못한다. 가장 큰 사기꾼이 가장 명예로운 사람이다. 정직한 인간이 되기 위해서는 필연적으로 미덕을 포기해야 한다. 나는 미사여구에 능한 사람이 그것을 백 번이나 말했던 것을 알고 있다. 그들은 말할 때 꾸미며 말하지만, 나는 근거에 따라 말한다. 그들은 악을 인정하지만, 나는 그 원인을 발견한다. 그리고 나는 이들 모든 악덕이 악하게 지배당한 인간에게 속해 있는 한, 인간에게 속하지 않는 것을 나타내며, 위로가 되는 유익한 것을 특별히 보여 주고 싶다!

이처럼 루소는, 다양한 해악(害惡)이 정치나 사회의 악에 있음을 분명히 했다. 이 지점에서 자연이 관심의 대상으로 떠오른다. 불평등의 기원을 찾기 위해, 자연 그대로의 모습, 즉 평등하고 행복한 인간을 가정하는 것이다.

루소의 『인간 불평등의 기원』 - 자연과 사회의 불평등

인간에게도 순수 자연과 같은 시절이 있었을까? 인간 사회에 인위적 정치가 발생하여 해악을 가져오기 전은 어떠했을까? 자연 상태였을까?

인간으로부터 초자연적 선물이나 인공적 능력을 없애면, 거기에 남는 것은 동물과 같은 본성이고 자연이다. 그 인간은 다른 어떤 동물보다 약하고 민첩하지 못하다. 그러나 인간은 결국, 모든 것 가운데 가장 유리하게 조직되어 있는 존재다!

때문에, 인간은 너무나 쉽게 자신의 욕구를 채울 수 있다. 시원한 나무 그늘 아래에서 배불리 먹고, 시냇물을 찾으면 바로 목을 축이고, 숲속에서 포근하게 잠을 청할 수 있다. 온전하게 감각적 생활을 구가할 수 있는 것이다. 그런 인간들 사이에서는, 자연의 법칙이 스파르타식 법률처럼 작용하여, 강한 자만이 살아남도록 만든다.

이 지점에서 루소는 고민에 빠진다. 욕망으로 내달리는 전차를 탄 문명인, 그것만을 추구하는 인간에서 벗어난, 그런 사람은 없는가? 루소는 새로운 인간 사회를 꿈꾼다. '문명인'이 아니라 '미개인(未開人)'! 이른바 '자연인'을 등장시킨다.

루소는 자연인을 다음과 같이 묘사한다.

> 자연인은 숲속을 방황하고, 생활 기술도 없다. 언어도 없고, 주거지도 없다. 전쟁이나 동맹도 없다. 동포를 필요로 하지 않는다. 뿐만 아니라, 그들은 사람을 조금도 해치려 하지 않고,

사람들 가운데 아무도 개인적으로 기억하는 일조차도 없다. 이런 미개인은 아주 미약하게 정념에 지배당할 뿐, 자기 혼자서 일을 해치울 수 있다. 이 상태에 고유한 감정과 지식만을 가지고 있다.

미개인은 본질적으로 동물에 불과하다. 그러면서도 동물과는 전혀 다른 차원의, '인간적인 그 무엇'을 가지고 있다. 동물은 자연 법칙에 지배당하고, 그에 따라 행동을 결정한다. 그러나 자연인은 인간만의 고유한 '자유의지(自由意志: free will)'를 갖는다. 자유의지는 자유의식을 낳는다! 이때, 두드러지는 것이, 동물에게는 존재하지 않는 '영혼의 정신성'이다.

자유의지
자유의식
영혼의 정신성!

이러한 개념은 인간과 동물을 구별하는 언어적 상징이다. 그것은 '자기를 완성하는 능력'을 의미한다. 이 능력은 인간을 불행으로 이끌 수도 있다. 그러나 미개한 상태에서는, 이런 속성이 단순히 가능성에 머물러 있다. 이처럼 미개인은, 자연 상태에서 살아가기 위해 필요한 것을, 본능 속에 지닌다.

자연 상태의 미개한 인간은 선하지도 악하지도 않다. 그저 자기 보존을 지향할 뿐이다. 루소는 가정한다. 자연인은 자기 보존의 충동과 더불어 연민의 감정, 이 두 가지를 가지고 있다. 이는 사회 상태에서 도덕의 기초를 이룬다. 자연 감정으로서, 자기애로부터의 활동을 완화하여 상호 보존하도록, 협력하게 만든다. 즉 사회 상태에서의 법률이나 관습, 그리고 도덕을 대신한다.

자연 상태에서 미개인, 즉 자연인에게서 불평등은 거의 존재하지 않았다. 그때의 인간은 '평화롭고 행복했다!'라고 루소는 생각했다.

문명이 발달한 현대 사회에서, 인간의 생활양식은 놀라울 정도로 다양하다. 반면, 동물이나 미개인은 모두, 같은 음식을 먹고 비슷하게 생활한다. 전자의 다양성과 후자의 획일성을 생각하면, 어떠한가! 미개인과 문명인, 그 인간의 차이가 자연 상태에서보다 사회 상태에서 훨씬 심각하다. 그리고 자연의 불평등은 제도의 불평등에 의해 더욱 커질 수밖에 없다. 문명의 진보가 불평등을 확장하는 이 거대한 모순!

루소의 『인간 불평등의 기원』 - 불평등의 발생

미개인과 문명인은, 그 생활 방식의 차이에서, '불평등의 간격'이 드러난다. 그렇다면, 문명의 진보를 거듭하는 인간 사회에서 불평등은 어떻게 발생하는가?

루소는 불평등을 두 가지 차원으로 나누어 설명한다. 하나는 나이나 건강, 체력, 정신이나 영혼의 차이에서 드러나는 자연적이고 육체적인 불평등이다. 다른 하나는 일종의 약속에 의한 도덕적이자 정치적인 불평등이다. 자연적·육체적 불평등은 크게 논의할 바가 아니다. 그 불평등의 원천은 자연이고, 그만큼 자연스런 현상이기 때문이다. 문제가 되는 것은 도덕적·정치적 불평등이다.

도덕적·정치적 불평등은 어떻게 발생하는가? 루소는 간단하게 정돈했다.

> 불평등은 인간 능력의 발전과 인간 정신의 진보에서 생겨난다! 결국, 소유권과 법률의 규정에 의해, 확고해지고 정당성을 확보한다!

인간은 자연 상태에 존재할 때부터, '생존하기 위해 자연과 투쟁해야 한다!'라는 것을 배웠다. 그로 인해 인간 정신에 다양한 관계를 나타내는 관념이 생겨났다. 이것이 인간 정신 발달의 첫걸음이다.

인간의 정신적 진보가 이루어지면서, 인간은 서로에게 이익이 되기 위해, '보다 나은 행위의 규칙들을 지켜야 한다!'라는 것을 자각하기 시작했다. 인간 정신의 개발과 진보는 산업의 발전을 촉진시켰다. 집을 짓게 만들고, 거기에서 가족이 생겨났다. 가족의 탄생과 더불어 사유재산이 발생했다. 루소는 이러한 인간 정신의 진보가 정치 사회가 태어나는 기원이 되었다고 생각했다.

인간에게 사회가 생겨나고, 정신과 문화가 발달함에 따라, 인간은 서서히 삶의 가치를 평가하게 된다. 예를 들면, 어떤 모임에서, 노래를 잘 하고 춤을 잘 추는 사람이 존경받는 경우, 그런 사실 하나에서 삶의 가치를 발견하는 것이다. 이 가치의 발견과 평가는 '자존심'을 부각시킨다. 바로 이 지점이, 불평등의 시작이자 악덕의 싹이 된다. 이때부터 한쪽에서는 허영과 경멸이, 또 다른 한쪽에서는 불명예와 선망이 생겨나기 때문이다.

그러나 문명의 진보가 적었던 시절, 아직 다른 사람의 손을 빌리지 않는, 자신의 기술과 능력으로 살고 있었던 상태에서, 인간은 자유로운 존재였다. 행복했다! 그런데 다른 사람의 손을 빌리면서, 문제가 생기기 시작했다. 진정한 사적 소유와 불평등이 서서히 고개를 들었다. 혼자서 노동력을 감당하기 힘들 때, 다른 사람의 손을 빌려야 했다. 거기에 더욱 박차를 가한 것은, 야금술과 농업의 발달이다. 이는 사적 소유의 관념을 더욱 발전시키고 분업(分業)을 낳았다.

이렇게 하여, 인간의 가치는 쉽게 물질로 잴 수 있게 되었다. 뿐만 아니라, 인간이 지닌 특수한 재능과 장점 등을 통해 평가하기 시작했다. 그런 가치 평가는 인간의 삶을 이전과 다르게 만들었다. 인간이 존경받기 위해서는, 진실로 그런 가치 평가에 부합해야 한다. 아니면 그것과 부합하는 것처럼 보여야 한다. 여기에서 위엄을 갖추어 과시하거나, 인간을 속이는 책략이 생겨났다. 인간의 모든 해악은 그 가운데 자라고 있다. 불평등의 씨앗은 그 악과 함께 성장한다.

루소의 『인간 불평등의 기원』 - 불평등의 심화

사적 소유와 함께 확장되어 온 불평등의 심화!

루소에 의하면, 최초의 사적 소유에서 생긴 것은 '경쟁'과 '대항'이다. 그것은, 다름 아닌, '이익 사이의 대립'이다. 다른 사람을 희생시켜, 이익을 얻고 싶어 하는 '숨겨진 욕망'이다. 이런 욕망에 의해, 인간은 탐욕적인 존재가 되었다. 야심적이며 사악한 존재! 그리고 또, 이 욕망과 탐욕, 야심과 사악함이 절정에 이르면서, '전쟁(戰爭)'이라는 최대의 악을 발생시켰다.

전쟁은 국가와 국가 사이의 갈등이다. 어쩌면 인간 사회가 저지를 수 있는 최고의, 투쟁 욕망이다. 이런 전쟁 상태를 완화하고 제어하는 것은 '정치'의 문제였다. 재산이라는 것은, 본디 정당하게 얻기 어려운 사안이다. 정상적으로 축적한 부가 얼마나 될까? 특히, 전쟁 상태에서, 재산을 지키기 위해, 부자들이 생각한 것은 '어떤 형태의 결사체'를 만드는 일이었다. 그 결사체가 바로 '국가'다.

자신들의 재산을 보호해 줄 결사체, 국가를 만드는 과정에서 부자들은 다음과 같이 호소했다.

> 우리의 힘을, 우리의 이익에 부합되도록, 모으자!
> 우리를 현명한 법에 따라 통치하고, 결사체의 구성원을 지키고, 공동의 적을 격퇴하자!
> 우리를 영원히 일치단결시키는 최고의 권력으로 향하게 하자!

루소는 여기에서 사회와 법률의 기원을 찾았다. 부자들은 자연적으로 간직했던 '자유'를 영구히 파괴했다! 사적 소유와 불평등한 법을 영구히 확정했다! 그 후, 몇몇 야심가들의 이익을 위해, 인류는 노동과 예속과 비참함에 복종하게 되었다!

이렇게 탄생한 국가 정부는, 정당한 권력으로 생긴 것이 아니다. 가난한 사람보다는 부자의 이익을 보호하는 데, 보다 중점을 두고 있다. 그것은 정당한 계약이 아니다. 정부에는 어떤 형태를 막론하고, 정치를 하는 사람이 있다. 군주제이든, 귀족제이든, 민주제이든, 그 체제의 지도급 인사는 선거에 의해 뽑히게 되었다.

엄밀하게 말하면, 정치를 하는 사람의 경우, 단순하게 부자냐 아니냐가 문제는 아니었다. 재능이나 연령, 신중함 등, 정치에 필요한 자질이 중시되었다. 하지만, 선거 제도가 문란해지거나 귀찮아지면서, 정치의 세습화를 비롯한 혼란이 발생했다. 정치 질서의 문란과 혼란은 정치상의 불평등을 초래했다. 부유한 자와 가난한 자, 강자와 약자, 그리고 주인과 노예의 차별을 낳았다. 불평등이 점점 심화하는 논리가 등장한 것이다.

루소는 고민했다. 이런 불평등 심화 과정에서, 정부가 완전히 해체되지 않거나 합법적인 기초 위에 다시 세워지지 않는다면, 그런 불평등은 계속 이어지게 될 것이다! 어떻게 할 것인가?

불평등 심화 과정의 하이라이트는, 전제정치(專制政治: autocracy)가 공화국(共和國: republic)을 짓밟고 세워져, 하나의 괴물로 나타나는 경우다. 그때 민중에게는 지도자도 법률도 없다. 그저 있는 것은 '독재자'뿐이다! 독재자가 전횡을 저지르는 경우, 사회 풍속이나 도덕은 어떤 문제도 되지 않는다. 왜냐하면 전제정치가 지배하는 곳에서는 도덕적으로 아무런 희망도 가질 수 없고, 다른 어떠한 지도자나 국민도 허락하지 않기 때문이다. 전제를 휘두르는 독재자의 지시가 떨어지자마자, 서로에게 요구되어야 할 성실성이나 의무는 사라진다. '맹목적 복종'이 유일한 도덕이 된다! 루소는 강조했다. 이것이 불평등의 마지막 항목이다.

역설적이게도, 이런 전제정치가 무르익은 상황에서, '모든 사람은 다시 평등해진다!' 이유는 간단하다. 국민이나 민중들은 주인의 의지 이외의 다른 법을 갖지 못한다. 주인은 그의 욕망 이외에 다른 규칙을 두지 않는다. 따라서 도덕적 선의 관념이나 정의의 원리는 사라져 버린다. 이제 전제의 모든 것이 가장 강한 법으로 귀착한다. 이 상황에서, 한 가지 '새로운 자연 상태'가 생겨난다. 그러나 그것은 순수한 자연 상태가 아니다. 도리를 넘어 부패에서 오는 것이다. 맨 처음의 순수한 자연 상태와는 전혀 다른 양상이다.

루소는 심각하게, 그리고 진지하게 불평등을 정돈했다.

> 불평등은, 인간의 능력이 발전되고, 인간의 정신적 진보가 이루어지면서, 그 힘을 얻어 확장된다.
> 그리하여, 마침내, 사적 소유 재산의 확립과 그것을 공고히 만드는 법의 개정을 통해, 확고해지고 합법적으로 된다!'

이제 어떻게 해야 하는가? 인간 불평등의 기원이 이러하다면, 불평등이 없는 상태를 실현하고, 인간답게 살아가기 위한 노력을 해야 하지 않는가? 그렇다고, 문명이 진보를 거듭하고 있는 인간 사회를, 순수한 자연 상태로 되돌릴 수는 없다! 그것은 거의 불가능하다.

루소는 그 해결책을 '사회계약'의 형태로 제시한다. 동일한 조건 아래에서 동일한 권리를 누릴 수 있는 평등!

맬서스의 『인구론』 요지 ①

인류 역사에서 '인구(人口)'는 언제나 문제였던가? 인구가 증가해도 그랬고, 감소해도 그랬는가! 출산율 저하로 위기의식을 표출하는 이 시대에, 과거의 인구에 관한 논의는 어떤 메시지를 던질 수 있을까?

200여 년 전, 프랑스 혁명의 소용돌이가 채 가시기도 전에, 맬서스는 『인구론』의 초판을 세상에 내놓았다. 그런데 이때 『인구론』은 '인구'에 관한 내용만을 다룬 것이 아니었다. 정치 개혁과 산업화를 비롯한, 사회 변동을 고민하는 경제철학이었다. 『인구론』의 앞부분에 정돈되어 있는, 「인구론 요지」를 다시 정돈하며, 그 의미를 되새겨 본다.

1. 문제가 무엇인가? 의견 대립이 문제 해결을 어렵게 만든다. 인간과 사회가 완성될 가능성을 부정적으로 보는 사고방식에 대해서는, 제대로 된 반론이 없다! 인구 증가가 낳는 다양한 사회문제가 『인구론』에서 주장하는 내용의 핵심이다.

2. 인구와 식량 증가율의 차이는 필연적으로 하층계급 생활에 영향을 미친다. 그렇더라도 하층민의 생활에서 나타나는 상하 운동은 크게 주목받지 못한다. 인구를 억제하는 요인과 인구 원리에 기인하는 해악 제거를 위해 실시되는 여러 제도들, 그리고 미래 전망과 관련하여, 인류 역사의 여러 단계를 살펴볼 필요가 있다.

3. 미개 단계, 또는 수렵 민족에 관하여 성찰하라! 유목 민족, 또는 로마 제국을 침략한 야만족에 대해서도 마찬가지다. 식량 증가를 웃도는 인구 증가를 어떻게 보아야 하는가? 북방에서 민족 대이동이 일어난 원인은 무엇일까?

4. 문명국 상태는 어떤가? 현재의 유럽은 카이사르 시대보다 인구가 많을지도 모른다, 인구에 대한 가장 좋은 기준이 있을까? 데이비드 흄이 이용한 인구추계(人口推計) 기준에는 문제가 있다. 유럽의 여러 국가에서 나타나고 있는 인구 증가 둔화 현상이 의미하는 것은 무엇일까? 두 가지 주요 인구 억제 방법을 심각히 검토해야 한다. 첫째는 '사전 예방 인구 억제' 정책이다.

5. 둘째, '적극적인 인구 억제 정책'이다. 빈민을 위해 징수된 거액의 돈이 빈민 생활을 개선하지 못하는 진정한 원인은 무엇일까? 빈민구제법이 본래의 목적에서 점점 멀어져 버리는 경향이 있다. 왜 그런가? 임시방편으로나마 빈민의 가난을 완화할 대책을 제안해야 한다. 궁핍화(窮乏化)의 압력을 하층계급에서 완전히 없앤다는 것은, 인간 본성의 불변 법칙 때문에 절대로 불가능하다! 인구 억제는 크게 볼 때, 빈곤과 악덕으로 나뉜다.

6. 새로운 식민지에서 인구가 빠르게 증가하는 이유는 무엇일까? 북아메리카 식민지나 오지(奧地)의 식민지에서 일어나는 인구 급증은 이례적인 일이다. 역사가 오래된 나라도 전쟁이나 역병, 기아, 천재지변에 의해 황폐해질 경우, 부흥하는 속도는 빠르게 나타난다.

7. 전염병의 원인으로 추정되는 것, 그것에서 발생하는 역병은 주기적으로 발생할 수 있다! 단기간의 출생과 매장 비율은, 그 나라의 실제 평균 인구 증가를 가늠하는 기준으로서는 부적절하다. 장기간의 인구 증가에서 가장 좋은 기준이 무엇일까? 중국이나 인도에서 일어난 기근의 한 원인은, 지극히 소박한 생활이다. 인구 증가를 촉진하는, 단 하나뿐인 적정한 방법을 찾아 나서자. 국민에게 행복을 가져다 주는 여러 원인들. 기근은 자연이 인구 과잉을 억제하는 가장 무시무시한 마지막 수단이다!

맬서스의 『인구론』 요지 ②

맬서스의 『인구론』은 찬반 논란이 많았다. 애덤 스미스의 경제이론을 계승한 맬서스의 이론에 대해, 케인즈는 케임브리지 경제학파의 시조라고 불렀다. 하지만, 데이비드 리카도는 맬서스와 대립하였고, 마르크스도 비판적 입장에 섰다. 다시 『인구론』의 요지를 이어 간다.

8. 인구 증가에 의한 문제 발생이 먼 미래의 일이라고 생각하는 것은 착각이다! 영국 개혁 운동을 고무하던 콩도르세가 설명하는 인간 정신 진보의 역사는 어떤 의미가 있을까? 콩도르세가 말하는 진동이, 인류 사회에 발생하는 시기는 언제인가?

9. 인간의 신체적 완성 가능성과 무한한 수명 연장에 관한 콩도르세의 이론을 진지하게 반성해 보라. 한계를 뚜렷이 정할 수 없다는 점에서, 부분적인 개량을 진보의 무한함과 관련짓는 주장은 분명히 오류다.

10. 마찬가지로, 영국의 개혁 운동을 고무하던 고드윈이 강조하는 평등 사회! 인류의 악덕을 모두 사회의 탓으로 돌리는 그런 태도는 오류를 낳는다. 인구 증가가 초래하는 문제에 대한 고드윈의 일차적 대답은 전혀 충분하지 않다. 고드윈이 실현되리라 예상한 아름다운 평등 사회, 그것은 단순히 인구의 원리에 의해, 겨우 30년 만에 완전히 붕괴되고 만다.

11. 고드윈의 추측에 따르면, 남녀 간의 성욕은 이윽고 사라져 버릴 것이다. 하지만 그런 추측에는 근거가 없다. 사랑의 정념은 이성에도 도덕에도 반하지 않는다.

12. 인간의 수명이 무한히 연장된다는 고드윈의 언급은 억측이다. 정신적 자극이 육체에 미치는 영향에 대한 잘못된 사고방식과 그 예시들이, 과거에 근거하지 않은 억측은 비학문적이다. 인간은 지상에서 죽지 않는 존재가 되어 가고 있다는 고드윈과 콩도르세의 억측은 회의론의 부정합성(不整合性)을 드러내는 기묘한 실례(實例)다.

13. 인간을 그저 이성만 가진 존재라고 생각한 것은 고드윈의 실수다. 인간은 복잡한 존재이며, 육체적 욕망이 지적 결단을 흐트러뜨리기도 한다. 강제(强制)에 대한 고드윈의 사고 방식도 충분히 검토해야 한다. 사람들 사이에 전달될 수 없는 진리도 있다!

14. 정치적 진리에 관한 고드윈의 다섯 가지 명제, 그것은 그의 이론 전체를 뒷받침하는 기초지만, 확실한 것은 아니다. 인구의 원리에 의해 생겨나는 가난 때문에, 인간의 악덕과 도덕적 약점은 결코 사라지지 않는다. 그 이유는 무엇일까? 고드윈이 말하는 완성 가능성이란 인간에겐 들어맞지 않는다. 인간이 정말 완전한 존재가 될 수 있는가?

맬서스의 『인구론』 요지 ③

애덤 스미스의 『국부론』이 '국민의 부(富)의 성질과 원인에 관한 연구'를 했다면, 맬서스의 『인구론』은 '국민의 빈곤(貧困)의 성질과 원인에 관한 연구'를 했다. 『인구론』의 요지를 또 다시 이어 간다.

15. 너무나 완전한 모델은, 개선 작업에 유익하기는커녕, 오히려 유해할 때가 많다. 고드윈의 논문 「인색과 낭비」는 의미가 있을지라도, 사회에 필요한 노동을 공평하게 분할하기란 불가능하다. 노동 비판은 현실의 폐해를 더욱 심하게 만들 뿐, 장래의 개선에는 거의 도움이 안 된다. 농업 노동량을 늘리는 것은 반드시 노동자에게 이익이 된다.

16. 애덤 스미스는 사회 수입 및 스톡(stock)의 증가를, 모두 노동 임금에 투입되는 자금의 증가로 간주했다. 그런 점에서 오류를 범한 것이 아닐까? 나라가 잘살게 되어도 가난한 노동자의 생활은 개선되지 않는 사례가 여기저기서 보인다. 영국에서는 부(富)가 증대됐지만, 노동 임금에 투입되는 자금은, 그에 비례하여 증가하지는 않았다! 중국과 같은 나라의 빈민의 생활은, 공업으로 나라를 부유하게 만들어도, 개선될 수 없다.

17. 국가의 부에 대한 올바른 정의가 필요하다. 제조업 노동은 모두 비생산적이라고 하는 프랑스 경제학자의 이론은 오류가 있다. 직공 및 제조업자의 노동은 개인 차원에서는 생산적이지만, 국가 차원에서

는 그렇지 않다. 프라이스의 「관찰기(觀察記)」 가운데 주목할 만한 구절이 있다. 프라이스는 미국인의 행복과 급속한 인구 증가를, 주로 그 문명의 특수함과 관련짓고 있다. 이는 잘못된 것이다. 사회 개선 앞에 가로놓인, 어려운 장해물을 외면하는 것은, 아무런 도움도 안 된다.

18. 인구의 원리는 늘 인간을 괴롭힌다. 그러므로 인간은 미래에 희망을 걸게 된다. 인생을 시련이라고 보는 것은 신의 선견성(先見性)이라는 관념과 모순된다. 이 세상은 물질을 자각시키고, 거기에 정신을 부여하는 강력한 프로세스다. 인간의 정신이 성장하는가? 육체적 욕구에 의한 자극, 일반 법칙의 작용에 의한 자극, 인구의 원리가 초래하는 인생의 고달픔에 의한 자극은 어떠한가?

19. 인생의 슬픔은, 사람 마음에 부드러움과 인간미를 더하기 위해, 반드시 필요한 요소다. 사회적 공감 능력에 대한 자극은, 단순한 재주꾼보다 더 훌륭한 인간을 만들어 낸다. 도덕적으로 뛰어난 존재가 탄생하려면, 도덕적으로 나쁜 존재가 필요하다. 자연의 무한한 변화와 형이상학적 문제의 어려움이, 지적 욕구에 의한 자극을 끊임없이 일으킨다. 신의 계시를 둘러싼 난점은 이 원리로 설명될 수 있다. 『바이블』에 제시된 신의 증거는 인간 능력을 향상시키고, 도덕심을 개선하기에는 적당한 수준이다. 자연 및 사회에 악이 존재하는 이유는, '정신이 자극에 의해 형성된다!'라는 사상으로 설명될 수 있다!

막스 베버의 '관료제'와 정치 지도자의 책임

사회문제 해결을 위해 고심할 때, 수시로 뇌리를 스치는 두 사상가가 있다. 마르크스(Karl Marx, 1818~1883)와 베버(Max Weber, 1864~1920)다. 철학자 뢰비트(Karl Lowith, 1897~1973)는 『베버와 마르크스』에서 '관료제'와 '소외론'을 비교하면서 다음과 같이 평가했다.

> 두 사상가는 이질성과 동질성을 분명하게 보여 준다. 마르크스는 직접적이었고, 베버는 간접적이었다. '시민적 자본주의 경제'를 단서로, 인간이 시민사회에서 어떻게 마주하고 있는지, 그 비판적 분석을 제출한다. 그때, 기초가 되는 것은 '경제'가 인간의 '운명'이 된다는 경험이다. 마르크스가 그 '치료법'을 주었다면, 베버는 하나의 '진단'을 내리는 데 철저했다!

이런 인식은 나에게 '실천'과 '이론'의 영역으로 다가왔다. 젊은 시절에는 마르크스적 실천을 선호했고, 학문의 세계에 접어들면서는 베버의 이론에 무게중심이 실렸다. 그 가운데 하나가 베버의 관료제다. 그것은 경제와 사회 가운데, 지배의 사회학, 즉 좁은 의미의 지배라는 이해 상황을 프리즘으로 한다. 특히, 시장이라는 측면에서 제약되고, 형식적으로는 항상 이해관심의 자유로운 발동에 근거하는 힘과 정면에서 대립하는 개념이다. 권위를 가진 명령 권력!

이 때문에 지배는 일정한 명령에 대해 복종하는 기회다. 인간 사회의 삶은 그렇게 진행된다. '지배자와 피지배자', 이 쌍방의 권리 근거, 다시 말하면, 지배를 정당화하는 근거에 의해 내면적으로 지배될 때,

일상이 된다. 그러기에 정당성의 근거는 세 가지의 순수한 형태로 드러난다.

합법적 지배!
전통적 지배!
카리스마적 지배!

'합법적 지배'는, 형식적으로 바른 절차로 정해진 규칙에 대한, 복종이라는 관념을 설정한다. 그리고 그 제정 규칙에 의해 지배가 이루어진다.

'전통적 지배'는, 예전부터 존재하는 질서와 지배 권력과의 신성성을 믿는, 신념에 근거한다. 그래서 지배자의 인격과 그 천부적 자질, 이른바 카리스마, 특히 비일상적 주술적·군사적 능력이나 언변 능력 등에 대한 정서적 귀의에 따라 성립된다. 그것이 '카리스마적 지배'다. 이 가운데 '합법적 지배'의 가장 단순한 형태가 '관료제적 지배'다.

이런 '관료제'의 기능은, 우선 규칙에 의해 권한이 명확하게 분배된다. 상하 관계가 일원적 지배로 체계화를 거친다. 그것에 의해 히에라르키(Hierarchie), 즉 계층(階層) 또는 위계(位階)제도가 확립된다. 업무 내용이 기록되고 보관되는 '문서주의'가 확립된다. 직무 수행을 위해, 전문적 훈련 과정, 즉 지식의 습득이 이루어진다. 이때 '관리'는 전업(專業)으로서 핵심적인 직무로 자리 잡는다. 직무를 위한 수단들, 예를 들면, 문서나 사무실, 자금, 지위 등은 사적 영역에서 사라지고, 공사(公私) 분리가 명확해진다. 이렇게 기능하는 관료제는 정확하고 신속하며 명확하고 지속성을 지닌다. 통일성과 신중성, 엄격한 복종 관계, 인적·물적 비용을 절약할 수 있는 장점을 지닌다. 복잡한 업무 처리 능력을 가지고, 다른 지배 형태에서 볼 수 없는 기술적 우수성을 드러낸다.

관료제화가 진행될수록, 인간과 사회의 운영 수단은 분리를 촉진한다. 그러다가 그 수단은, 인적 조직을 통제하는 자의 손에, 권력이 집중되는 방식으로 전환된다. 인간과 운영 수단의 분리! 그것은 마치, 마르크스가 말했던 '생산자와 생산 수단의 분리'를 포섭한다. 베버는 말한다. 인간 사회의 제반 생활 영역, 즉 국가나 정당, 기업, 병원, 학교 등에서 이루어지는 관료제화는 '미래의 예속(隸屬) 용기'다! 그 예속 가운데 베버는 희망하며 묻는다. 어떻게 하면, 인간의 '자유(自由)'를 구할 수 있을까?

문제는 '예속'이다. 그런 관료제의 원리에 대항하거나 관료제의 힘을 조절해야 한다. 베버는 그것을 실천할 수 있는 존재들 가운데 하나를 '정치 지도자'로 인식했다. 정치 지도자는 스스로의 이념을 걸고, 그 실현에 노력하는 인간이다. 현실적으로 가능한 모든 수단을 고려하며 타협도 한다.

그러나 궁극적으로 고려해야 할 사안이 있다. 최선을 다하면서도 스스로 모셔야 하는 주인인 국민으로부터, 또는 시민으로부터, 자신의 뜻과 맞지 않는 지시나 명령을 받을 때, 직위를 사직할 정도의 말을 할 각오가 있어야 한다. 그 직위를 유지하기 위해 발버둥치거나 그것에 달라붙기 위한 타협은 다른 문제다. 거기에 정치 지도자로서의 책임이 있다. 자신의 권력을 위한 투쟁이나 획득한 권력으로부터 생긴 임무에 대한 고유의 책임! 그것이야말로 정치가로서 '생명의 시작'이다.

한국의 정치 지도자라는 존재들은 어떤가!

막스 베버의 『프로테스탄티즘 윤리와 자본주의 정신』 - 노동자

베버의 저술 가운데, 가장 유명하다고 전해지는 것은 『프로테스탄티즘 윤리와 자본주의 정신』이다. 그것은 프로테스탄트와 자본주의가 어떻게 연결되는지에 관한 사회학적 탐구다. 경제적 차원에서 노동과 노동자의 속성을 둘러싸고 펼치는 인간 삶의 서사적 분석이다. 그것이 어마어마한 이론 체계를 형성한다.

베버의 목적은 분명했다. 1908년에 발표한 「봉쇄적 대공업 노동자의 적응과 도태, 즉 직업 선택과 직업 운명에 관한 사회정치학회의 조사를 위한 방법서설」이라는 논문에서 그는 문제를 제기했다.

> 한 쪽에서 하는 봉쇄적 대공업은 그 노동자의 인격적 특질, 직업적 생애 및 직업 외의 '생활양식'에 어떤 영향을 주는가? 어떠한 육체적 또는 심리적 특질을 그들 속에서 발달시킬 수 있을까?
> 그러한 질이 노동자의 생활 태도에 어느 정도로 나타나는가? 다른 측면으로 접근했을 때, 즉 대공업 쪽에서 봤을 때, 대공업의 발전 가능성과 방향, 노동자의 민족적·사회적·문화적 출신이나 전통 및 생활 조건에 의해 만들어진, 그들의 일정한 특질에 어느 정도 결부될 수 있겠는가?

'봉쇄적 대공업'은 공장제 기계공업을 중심으로 한 대경영(大經營)이다. 상인이 수공업자에게 원료나 임금 등을 먼저 지불하여 물품을 생산하게 만드는 '선대제(先貸制)'시스템에서, 원료 공급과 제품 판매를 타인에게 위임한다. 이런 점에서 어느 정도 자유롭고 해방적이다. 기존의 가내공업 경영과는 확연히 구별된다. 기계공업 체계에 바로 노동의 분할이 가미되었다. 기술 개량보다는 고도의 기계화를 추구하는 합리적 경영이 이뤄졌다.

때문에 이 지점에서는, 모든 종류의 질을 가진, 모든 종류의 노동자가, 이러한 기술적 변혁에 의해 단번에 배제된다. 그렇다면 다른 측면에서 일할 수 있는 노동자가 양성될 수 있을까? 자본의 수요량과 종류에 의존하는, 그 공업의 일반적 경제 기초에 의해, 이것이 어느 정도까지 제약될까? 이런 사안이 중요한 포인트가 된다.

아울러 여기에 여러 문제가 발생한다.

노동자의 도태를 촉진하는 조건은 무엇인가?
자본의 구성이나 회전, 상업의 표준화가 가진 특성이, 노동자의 내부 조직, 직업적 생애, 그리고 적성에 어떤 영향을 주는가?
어떤 업종이나, 어떤 지역의 경영은, 어디에서, 어떤 질의 노동력을 모집하는가?

이는 이른바 '노동시장'에 관한 문제 제기다.

노동자의 기술 습득 과정은 어떨까?
노동자의 지역적·민족적·사회적·문화적 출신 차이가, 그것을 습득하는 능력에 어떻게 영향을 미치는가?
노동자의 '숙련' 형식 및 '미숙련'의 관계 양상은 어떠한가?

이런 차원에서, 베버는 '노동자'의 시각에 서 있다. 그렇다고 마르크스와 동일한 처방은 아니다. 철저한 분석과 검토가 앞선다. 독일 자본주의 전개의 양태를, '경영 내부'라는 미시적 관점과 '노동시장의 구조'나 '노동자의 재생산'이라는 거시적 관점, 이 두 방향에서 사회를 해석하려고 했다. 그것이 베버가 전개한 사회이론의 구심이 되었다.

막스 베버의 『프로테스탄티즘 윤리와 자본주의 정신』 – 사회과학적 방법

모든 조사와 탐구, 연구에는 '방법'이 동원된다. 인간 삶의 문제에서도 마찬가지다. 방법상의 문제는 목적의 방향을 유도하고 수단의 정당성을 확보한다. 베버는 사회 연구의 과정에서 매우 광범위하면서도 신중하게 마주했다. 특히, 경영과 노동자 문제를 고심할 때, 다양한 측면을 고려하며, 이론화를 모색했다. 노동자의 세계관이나 태도, 경영에서 노동자의 수익성과 관련한 이야기는 의미심장하다. 그의 견해 몇 가지를 나열해 본다.

> 편견을 갖지 않는 기업가는, 일반적으로 사회민주당계 노동조합원 노동자의 능력이, 다양한 분야에서 다른 노동자에 앞선다는 것을 인정한다.
> 경영 관리자에 의해, 벌써 완강한 노동조합원으로서 지적된 남자 노동자 대부분이, 물론 한두 명의 예외를 제외하고, 경영의 차원에서 최우수 노동자에 해당하는 능력을 가지고 있다.
> 여자 노동자의 경우, 경건파 비밀 집회 동료의 후예들이 특히 뛰어나다. 책임 있고, 관리가 곤란한 영역에서도 같은 경건파 노동력이 기능하고 있다.
> 경건파에서 인정하지 않는 오락의 기피, 다시 말하면, 프로테스탄트의 금욕, 또한 그 금욕에 의해 태어난 신이 기뻐하는, 직업 노동에서 내면적 태도의 결과는 이런 현상 속에 확실히 드러난다.

베버는 이러한 연구가 사회 정책의 관점에서 직접 이행되는 것을 거부하고, 순수하게 '사회과학적' 차원에서 이루어지기를 원했다. 그러나 그 성과가 독일 대공업의 존재 형태, 존립 조건을 명확하게 하는 한, 그것은 정책적 사고에 대해서도, 무엇이 가능하고 무엇이 불가능한지를 가늠할 수 있게 만들었다.

나아가 베버는 생각했다. 이런 조사가 사회과학만으로 가능한가? 사회현상에 대한 자연과학적 방법의 적용은 불가능한가? 방법상의 문제는 어떤 측면에서건 유용성이 담보되어야 한다. 베버의 연구 조사는 노동자의 출생지나 종파 이외에도 노동자의 피로와 회복, 연습, 숙달, 노동 중단 등 여러 항목이 있다. 이는 인류학, 생리학, 실험심리학, 정신병리학 등의 성과를, 경제적 노동의 사회과학적 분석에 적용할 수 있는지, 적용할 수 있다면, 어느 정도인지라는 관심사를 유발한다.

베버는 확실하게 지적했다. 자연과학과 사회과학 연구는 원리적으로 협력할 수 있다! 그러나 그는 약간은 유보적이거나 회의적인 자세를 보인다.

사회적인 현상을 계속 자연과학의 전문적 견지에서 추론할 수 있을까? 공업 발전을 계속 생리상 힘의 절약 법칙의 한 작용으로 설명하려는 것과 같은, 자연과학계의 개별 과학에서 종종 있을 법한, 거의 저항할 수 없는 실험에서 볼 때, 공업은 그 자신으로서는 '힘의 절약'이 아니었다. '비용의 절약'을 추구하는 것이었다. 그리고 공업이 비용을 절약할 수 있는 길은, 결코 반드시 생리적·합리적 영역의 발전과 합치하는 것도 아니었다. 오히려 비상시에 여러 가지 이유에서, 자본 이용의 경제적·최적의 발전이, 힘 이용의 생리적·최적의 발전과 배치할 가능성이 있다. 그것은 연구 방법에 대한 신중성을 드러낸다. 베버의 사상가로서의 힘이 여기에서 배태되었다.

막스 베버의 『프로테스탄티즘 윤리와 자본주의 정신』 - 프로테스탄트

중세를 거치면서, 서양의 종교는 교황을 중심으로 하는 가톨릭이 대세를 이루었다. 가톨릭교는, 지배층이거나 피지배층일 때, 다수자의 위치에 있을 때나 소수자의 위치에 있을 때, 그 어떤 경우이건 경제적 합리주의에 대한 애착을 보이지 않는다. 근대적 '영리(營利)'생활에 관계하는 일이 비교적 적다. 다시 강조하면, 가톨리시즘은 상당히 '비현세적(非現世的)'이다. 그 최고의 이상이 보여 주듯, 여러 가지 금욕적 특징을 띠고 있다.

이 때문에, 가톨릭교도들은 현세의 재물에 대해, 보다 무관심한 태도를 취한다. 이와 같은 생각은, 오늘날 가톨릭과 프로테스탄트 가운데, 어디에 속하는지 그 신자들이 현세 재물에 대한 판단을 내릴 때도, 일반적으로 즐겨 사용되는 도식이다.

프로테스탄티즘을 신봉하는 사람들은, 이런 해석을 사용하여 가톨릭 생활 태도의 금욕적 이상을 비판한다. 가톨릭교도들은 이에 맞서, 프로테스탄티즘으로 인해 세속화를 거친 생활의 결과가, 바로 유물주의(唯物主義)라고 비판한다. 실제로 영리생활에 대한, 가톨릭과 프로테스탄트 두 파의 신자들이 보이는 태도에서, 이런 대립은 다음과 같이 정식화를 거치기도 한다.

> 가톨릭교도는 얌전하고 영리에 대한 충동이 적다! 위험과 자극으로 가득하지만, 운이 좋다면, 명예와 재산을 얻을 수 있는

> 생애보다, 비록 소득이 적더라도 보다 안정된 생활을 소중히 게 여긴다. 옛말에 '맛있는 음식을 먹지 않을 것이라면 누워서 지내라!'라는 재미있는 속담이 있다. 프로테스탄트는 적극적으로 맛있는 음식을 먹으려고 한다. 반면에 가톨릭교도는 누워서 지내려고 한다!

'프로테스탄트=영리생활, 가톨릭=금욕생활'이라는 절대 도식을 바탕으로, 베버는 프로테스탄트와 자본주의를 엮는다.

엄밀하게 말하면, 독일 프로테스탄트 가운데, 교회에 열성적이지 않은 사람들의 생활 원동력은, '맛있는 음식을 먹자!'라고 할 수도 있다. 그러나 과거로 거슬러 올라가면, 사정은 매우 달라진다. 영국, 네덜란드, 미국의 청교도들은 '세속적 즐거움'과는 정반대되는 특성을 지니고 있었다. 그렇더라도 독일 프로테스탄트는 현재 세속의 영리생활에서 흥성을 거듭하고 있다.

다시 강조하지만, 그런 종교의 상층부는, 눈에 띄게 종교에 무관심해진 사람들로 이루어져 있다. 때문에, '가톨리시즘은 비현세적이다!' '프로테스탄티즘은 유물주의적인 현세의 즐거움을 포함하고 있다!'라고 하는, 막연한 가설로 접근해서는 곤란하다. 어쩌면, 비현세적이고 금욕적인 태도로 신앙에 열중하는 일과 자본주의적 영리생활에 관계하는 일은, 대립하기는커녕, 오히려 서로 내면적 친화 관계에 있다!

프로테스탄트의 여러 집단들 가운데, 특히 '비현세적인 것이 유복한 것!'이라는 관념이 속담처럼 굳어져 있는 종파, 그중에서도 퀘이커와 메노나이트의 경우, 종교적 생활 규제가 사업 정신의 고도 발달과 결합하고 있다. 또한 경건파 신도에게서도, 고도로 발달한 사업 정신

및 활동 성과와 굳건한 신앙의 결합을 발견할 수 있다.

'노동의 정신'이든 '진보의 정신'이든, 그것은 통상 프로테스탄티즘에 의해 환기되었다. 그렇게 프로테스탄트와 자본주의는 연결되어, 이 사회의 유기체로 풍미한다.

프로테스탄트라는 종교 신앙의 차원, 즉 '비현세적 상황'과 '자본주의적 현실'을 엮어 내는 데는 사회 인식이 전제가 되어야 했다. 베버는 고심했다. 프로테스탄트와 자본주의를 실제로 묶어 내는 방식은 어떠해야 하는가? 역사적으로 해명해야 할 대상을 미리 확정해 둬야 하는가? 문제는 '자본주의 정신'이라 불리는 대상에 대한, 개념적 정의가 아니었다. 정의는 시기상조다. 당장 가능한 일은 '잠정적 예시(例示)'밖에 없다. 이런 예시는 연구 대상을 이해하기 위해 반드시 필요하다.

이에 베버는, 문제의 '자본주의 정신'을 상징하고 있는 하나의 사료(史料)를 단서로 제시한다. 그것은 '자본주의 정신'의 고전이다. 그만큼 순수성을 포함하고 있다. 종교적 요소와의 직접적 관계를 완전히 상실한 상태이기에, 선입관이 섞이지 않는다. 그런 순수성이 분석과 검토를 위한 최고의 장점이다.

> 하나, '시간은 곧 돈이다'라는 사실을 기억하라! 하루 노동으로 10만원을 벌 수 있는 사람이, 외출하거나 집에서 빈둥거리거나 하면서, 한나절을 보냈다고 가정해 보자. 이때 그가 오락이나 게으름을 위해 쓴 돈이, 겨우 1만원이라 해도, 그것만 가지고 손해와 이익을 계산해서는 안 된다.
> 하나, '신용은 곧 돈이다'라는 사실을 기억하라! 누군가가 내게 돈을 빌려 주고, 기한이 지나도록 받아가지 않는다고 가정해 보자. 이 경우, 나는 그 이자를, 또는 그 기간 동안에 그 돈으로 얻을 수 있는 무언가를 그로부터 선물 받은 셈이다. 만약

좋은 신용을 충분히 이용한다면, 이런 식으로 적지 않은 돈을 벌 수 있다.

하나, '돈은 번식하여 자식을 낳는다'라는 사실을 기억하라! 돈은 돈을 낳을 수 있고, 그렇게 태어난 돈은 보다 많은 돈을 낳을 수 있으며, 이런 일이 계속 반복된다. 1만원을 운용하면 6만원이 되고, 그것을 다시 운용하면 7만원이 된다. 이리하여 그것은 마침내 100만원으로 불어난다. 돈의 액수가 많으면 많을수록, 한 번 운용할 때마다 생겨나는 돈도 그만큼 많아진다. 즉 이익이 빨리 증대된다. 돼지 한 마리를 죽이면, 그로부터 태어날 새끼 돼지를 1000세대까지 죽여 버리는 셈이다. 5만원의 돈을 없애면, 이 돈이 벌어들였을 모든 돈, 그러니까 수 십만원의 돈을 없애 버리는 셈이다.

하나, '돈을 잘 갚는 사람은 모든 돈주머니의 주인이다.' 이 속담을 기억하라! 약속 기한에 맞춰 돈을 잘 갚기로 소문난 사람은, 친구들이 당장 쓰지 않는 돈을 얼마든지 빌려다 쓸 수 있다. 이것은 때에 따라 큰 도움이 된다. 근면함이나 검소함을 제외한다면, 한 청년이 세상에서 성공하는 데 가장 효과적인 수단은, 모든 거래에서 시간을 지키는 것이다. 그러므로 빌린 돈은 반드시 약속한 날짜에 갚아라. 그러지 않으면, 친구는 실망하여, 당신 앞에서는 결코 지갑을 열지 않을 것이다.

자본주의의 정신은 이런 지점들로부터 싹텄다. 윤리의 옷을 두르고, 규범의 구속에 복종하는, 특정한 생활양식으로 굳어졌다. 그런 자본주의 정신은, 어떤 형식으로건 조우할 수밖에 없었던, 이른바 '전통주의'라고 불리는 감각 및 행동양식이 투쟁의 대상이었다.

러셀의 『서양의 지혜』 - 지혜의 등불

20세기를 대표할 만한 세계적 지성으로 여러 사람이 거론된다. 철학자 가운데서는, 영국의 버트란트 러셀을 빼놓을 수 없다. 20세기 초반, 러셀은 '관념론 반대 운동(revolt against idealism)'을 주도했다. 선배였던 프레게, 제자였던 비트겐슈타인, 친구였던 화이트헤드와 교류하며, 20세기 논리학자의 선구가 되었다.

그의 인생관은 지성인의 인간적 면모를 진지하게 끌어올린다. 러셀은 말했다.

> 인간은, 매우 드문 정신을 가진 사람을 제외하고, 자기 이상을 기원하기 위한 전당으로 들어가기 전, 어두운 동굴을 지나가지 않으면 안 된다.
> 그러나 거기에서 나오면, 희망의 문이 있다!
> 거기를 빠져나가면, 다시 지혜의 등불을 만날 수 있다! 그 빛으로, 새로운 통찰과 새로운 희열을 느낀다.
> 그리고 새로운 다정함이 더욱 빛을 발한다.

그것은 열정(熱情)으로 정돈된다. '사랑에 대한 갈망'과 '지식에 대한 탐구', 그리고 '인간의 고통에 대한 연민!' 러셀은 깊은 바다보다 더한 고뇌와 벼랑 끝 같은 절망 속에서 인생을 고민했다.

사랑을 갈망한 이유는 간단하다. 무엇보다도 사랑이 주는 황홀함 때문이다. 그리고 외로움이 던지는 차갑고 측량할 수 없는 죽음의 심연에서 벗어나, 성자(聖者)들과 시인(詩人)들이 상상했던 천국의 신비로움을 보기 위함이었다.

지식의 추구는, 무엇보다도, 인간의 가슴을 이해하고 싶었기 때문이었다. 그리고 별들이 빛나는 이유와 수(數)를 통해 논리적으로 정리(定理)하며 혼돈(混沌)을 다스리는 피타고라스의 힘이 무엇인지 알고 싶어서였다.

이 사랑과 지식은 천국으로 이끄는 삶의 동기였다. 그러나 러셀은 사랑과 지식이라는 형이상의 세계에서, 인간 고통의 연민을 찾아, 지상의 현실이라는 형이하의 세계로 내려왔다. 그것은 세상의 악(惡)을 줄이려는 노력이었다. 굶주리는 아이들, 압제자에게 고문당하는 사람들, 자식들에게 미운 짐이 되어 버린 무력한 노인들, 이 가난과 외로움과 고통에 찬 세계가 인간인가! 고통의 절규가 메아리치며 가슴을 파고든다.

러셀은 그 고통을 차분하게, 적극적으로 받아들였다.

> 고통? 살아볼 만한 삶이다!
> 기회가 주어진다면, 기꺼이, 모든 인간이 겪는, 그 고통의 삶을 다시 살아보고 싶다!

열정으로 피어난 인간의 자기 이상은 무엇일까? 그 이상을 살아가기 위한, 인생의 여정은 어두운 동굴일까? 그 여정을 출발하기 전의 무지(無知)가 어둠일까?

러셀은 이 지점에서 희망을 불어넣는다. 그것이, 무지이건 인생이건, 어두운 동굴처럼 느껴지는 여정을 마치면서, 희망의 문이 열린다. 다시, 그 희망의 문을 빠져 나가면서, 지혜의 등불을 만난다. 지혜의 등불이 비추는 빛은 새로운 통찰력을 부여한다. 그 통찰력으로 인생은 기쁨과 즐거움으로 가득한 세계를 가꾸어간다. 그곳은 다정함이 넘쳐흐르는 아름다운 세상이다.

러셀의 인류를 향한 사랑이 이러했다. '어둠'에서 '희망'을, '희망'에서 '지혜'를, '지혜'에서 '통찰'을, '통찰'에서 삶의 '환희'를, 그 환희는 인간의 정열(情熱)을 이끌어 낸다. 1차·2차 세계대전을 온몸으로 겪으며 토해낸 한 지성의 고민은, 삶을 살아 내는 양식을 던지는 일이었다. 러셀은 그렇게 역사적 상황과 사유의 물결, 인간의 삶을 꿰뚫어 보며, 민주적 지성의 길을 열어 주었다.

러셀의 『서양의 지혜』 – 철학과 지혜

88세에 이른 노학자 러셀은 『서양의 지혜』를 출간한다. 그것은 인류에게 지혜를 인식시켜 주는 기적의 하나였고, 고전(古典)으로 남았다. 러셀은 그 「머리말」에서 진지하게 말한다.

> 이 책의 목적은 간단하다.
> 고대 그리스의 탈레스에서 20세기 최고의 철학자 비트겐슈타인에 이르는, 서양 철학을 개설한다.
> 그리고 이야기를 전개해 나가면서, 사유의 역사적 상황을 상기시켜 주는, 몇 가지 사안들을 말한다.

40여 년 전 대학에서 철학을 공부할 때, 나는 이 말을 보며, 일종의 전율(戰慄)을 느꼈다. 그 이전에 러셀이 쓴 『서양철학사』를 읽을 때도 그랬다. 너무나도 유려한 문장에, 철학의 역사를 차분하게 그려 내면서도, 인생을 담고 있는 것이 아닌가! 『서양의 지혜』는 한발 더 나아갔다. 인류를 향한 노파심(老婆心)이었을까? 중용(中庸)을 실은 동기부여였을까?

러셀은 세심하게 강조한다. 이미 『서양철학사』를 출간했지만, 다시 『서양의 지혜』라는 이름으로 철학사를 저술하는 이유가 있다. 두 가지 근거 때문이다.

첫째, 기존의 철학사는 간결하게 서술하는 작업과 동시에 폭넓은 기술이 거의 없었다. 실제로 철학사에서 하나하나의 항목을 자세하게 논의한 저술은 많이 있다. 하지만, 간결함과 폭넓음을 모두 채우지는 못했다. 물론, 어떤 문제에 대한 흥미가 깊어지면, 이와 같은 철학사를 펼쳐 보기도 하고, 관련 원전을 살펴보기도 할 것이다.

둘째, 전문화가 더욱 깊어져 가는 현대 사회에서, 사람들은, 자칫하면, 지적 측면에서, 선조의 은혜를 잊어버리고 살아가기 쉽다. 철학의 역사를, 또 다시 쓰는 목적은, 그런 건망증(健忘症)을 거스르는 데 있다.

이 지점에서 전통(傳統)을 고려해야 한다. 과거의 위대한 사상가와 현재의 인류를 맺어 주는 유대(紐帶)를 끊으면서, 철학 사상을 즐긴다는 것이 말이 되는가! 그래서는 안 된다! 옛 사람들은 '마땅히 철학자는 무엇이든지 알고 있다!'라고 생각했다. 그건 아니다! 철학은 모든 지식을 자기의 영역으로 주장했다. 그랬다 하더라도, 철학자가 '무엇이든지 다 알 필요가 없다!'라고 생각하는 것도 잘못된 일이다. 진정한 철학이 1921년에 시작되었다거나 그 조금 전에 시작되었다고 생각하는 사람들은, 오늘날 철학의 문제가 느닷없이 무(無)에서 생긴 것이 아니라는 점을 놓치고 있다.

철학의 역사를 서술하는 방법은 크게 두 가지로 나눌 수 있다.

하나는 '해설하는 방식'이다. 이는, 이 사람이 무엇을 말하고, 저 사람이 어떤 영향을 받았는가를, 제시하는 작업이다. 다른 하나는 '해설에 어느 정도의 비판을 더하여 철학적으로 어떤 논의가 이루어졌는지를 보여 주는 방식'이다.

『서양의 지혜』는 두 번째 방법을 택했다. 비판적으로 접근할 때, 유의할 점이 있다. 비판의 과정에서 한 사상가의 견해를 오해하고, '마음에 들지 않는다!'라는 이유만으로, 그 사상가를 잊어버려서는 안 된다. 칸트는 말했다.

논박되는 것보다 오해받는 것이 더 무섭다!
우리는 한 사람의 철학자를 무시하기 전에, 그 사람이 무엇을 말하려고 하는지를 이해하도록 노력해야 한다.
아무리 노력하더라도, 그 노력과 통찰의 투철함은, 균형을 이루지 못하는 것처럼 보일 수밖에 없다.
결국, 이 점은 모든 사람이 스스로 해결해야 하는 판단의 문제다.

러셀은 진솔하게 지성인으로서의 한계를 고백했다. 이런 솔직한 지식인의 자세가, 인류에게 위대한 고전을 남긴 이유가 아닐까? 지성인의 고해(告解)는 이처럼 힘이 배어 있다. 활력(活力) 자체다!

러셀의 『서양의 지혜』 - 사실과 사색

어떤 고전이건, 「머리말」이나 「프롤로그」를 보면, 그 저술의 특징을 파악할 수 있다. 『서양의 지혜』도 마찬가지다. 러셀은 엄밀하게 '과학'과 '철학'이 제기하는 '사실'과 '사색'의 힘을 강조한다.

과학은 알려진 사실들을 취급하고, 철학은 사색을 취급한다!

「프롤로그」의 전반부를 요약해 보면 의미가 보다 뚜렷해진다.

철학자들은 어떤 일을 할까? 참으로 이상한 질문이다. 하지만, 여기서는 그들이 하지 않는 것을, 처음으로 밝혀, 그 해답을 찾으려고 한다. 인간을 둘러싼 세상에는, 너무나 잘 이해되는 것들이 있다. 예를 들면, 증기기관의 작용은 기계학과 열역학에 속한다. 인체의 작용은 해부학과 생리학에서 연구한다. 또 인간이 잘 아는 별의 운동은 천문학에서 다루는 문제다. 이렇게 잘 정의된 지식은, '과학'의 여러 분야에 속한다.

그러나 이 모든 분야의 지식은, 잘 알려지지 않은 주변 분야에 인접해 있다. 인간이 그 접경 지역에 이르고, 이곳을 벗어날 때, 인간은 과학을 지나쳐 사색의 세계에 이른다. 이 사색적 활동은 하나의 탐험이다. 다른 것들 사이에서는 철학적 성격을 띤다. 이런 의미에서 과학의 다양한 분야는 철학적 탐구에서 시작된다.

견고한 기반이 다져지면, 과학은 경계선상에 있는 방법의 문제와 의문을 제쳐 놓고, 독자적으로 나아간다. 어떤 의미에서, 철학의 탐구 과정 자체는, 진보하지 않는다. 단순히 탐구 작용을 하며, 새로운 활용법을 찾을 뿐.

인간은 철학과 다른 종류의 사색을 구별해야 한다. 철학 자체는 인간의 문제를 해결하지 못한다. 인간의 영혼을 구원하지도 못한다. 철학은 그저 그 자체를 위한 하나의 관광 여행이다. 때문에 철학에는 원칙적으로 교리나 종교의식, 또는 어떤 종류의 신성한 존재 같은 것이 없다.

미지의 세계를 알기 위해서는 두 가지 방법이 있다. 하나는 책을 바탕으로 신비적이거나 다른 근원적 영감을 알고 있는 사람들의 견해를 받아들이는 일이다. 다른 하나는 물러나서 스스로를 보는 일이다. 이것이 '과학적-사색적' 방법이다.

과학이 던지는 객관적 사실에 주관의 시선을 보태서 탐구하는, 저 심미안(審美眼) 가운데, 철학적 사색이 진리를 구명하려고, 온 힘을 쏟아붓는다. 그것이 사색의 힘이자 교양을 갖춘 삶으로 인도한다. 철학이 인생의 지혜를 가져다주는 근거가 여기에 있다.

러셀의 『서양의 지혜』 – 철학의 과업

인간이면 모두 그냥 인간일까? 인간이 '되어야' 인간일까? 아니면 '인간다워야' 인간일까? 이 세 단계의 물음은, 인간에게 무엇일까? 아니, 무엇이어야 할까?

인간이 지성을 갖춘 존재로, 삶을 영위하기 위해서는, 철학의 특징에 주목할 필요가 있다. 어떤 사람이 '수학이 무엇이냐?'라고 물었다고 하자. 그때 이런 정의를 내려 줄 수 있다. '논증을 위한 수(數)의 과학!' 이는 수학에 관한 사전적 정의다. 이 정의가 특별한 논란이 없는 진술이라면, 질문자가 수학을 모른다고 해도, 그 사람은 쉽게 이 진술을 이해할 수 있다. 어떤 형태의 명확한 지식이 존재한다면, 어떤 분야든지 이런 식의 정의를 내릴 수 있다.

그러나 철학은 정의 내릴 수 없다! 어떤 정의를 내리더라도 논란의 여지가 있다. 논란 자체가 이미 철학적 사고방식으로 나타난다. 철학이 무엇인지 알아내는 유일한 방법은 '철학을 하는 것'이다. 인류는 어떻게 철학을 했을까? 『서양의 지혜』 가운데 제 각각의 철학하기가 담겨 있다.

무엇인가에 관해, 생각하고 있는 사람들은, 언젠가는, 자신에게 질문을 던진다. 과학은 그에 대해, 어떤 정답을 주지는 못한다. 스스로 생각에 잠기는 사람들은, 점쟁이 같은 존재가 이미 준비한 말을, 믿지 않는다. 이런 문제를 탐구하고, 때로는 해결하는 일이, 바로 철학의 과업이다.

'인간의 삶이 무슨 의미가 있을까?' 있다면, 인간은 삶의 의미에 관해, 자신에게 물을 수 있다. 세상이 목적을 가지고 있을까? 역사는 어디로 흘러가는 걸까? 이런 질문 자체가 의미가 없는 것인가? 우주의 법칙이 자연을 지배할까? 이런 질문 자체가 문제인가? 아니면, 사물을 질서 있게 보고 싶어, 인간이 단순히 그렇다고 생각하는 것인가? 또한 세계는 정신과 물질의 두 부류로 나누어지는가? 그렇다면 어떻게 그것들이 함께 연결되는가? 그리고 인간 자신은, 인간에 대해 무엇이라고 말할 수 있을까? 천문학자들의 말처럼, 인간은 작고 중요하지 않은 행성에서, 의지할 데 없이 떠돌아다니는, 한 점의 먼지인가? 아니면 화학자들의 주장처럼, 인간은 어떤 교묘한 방법으로 하나로 뭉쳐진, 화학 덩어리인가? 그것도 아니면, 인간은 고귀한 이성을 지닌, 무한한 재능을 가진 존재인가? 어쩌면, 인간은, 동시에 이 모든 것에, 속해 있지 않은 건가?

이런 물음은, 선(善)과 악(惡)에 대한 윤리적 문제를 수반한다. 선하게 또는 악하게, 살아가는 방식이 별도로 있는가? 그렇지 않다면, 다른 특별한 방식으로 사는가? 선한 삶이 있다면, 그것은 무엇인가? 그렇게 살아가는 방법을 배울 수 있는가? 지혜라는 것이 정말 있을까? 지혜라는 것이 무의미한 광기(狂氣)는 아닐까?

이 모든 것이 곤혹스런 질문이다. 이런 문제를, 실험실에서 실험하여, 해결할 수는 없다. 독립적인 정신에 관한 문제들은, 일반적인 특효약을 조제해 주는 약제사의 말에 의존할 수 없다. 이와 같은 질문에는 철학자가 해답을 줄 수 있다. 어려운 문제에 직면했을 때, 다른 시대에 살던 사람들은 어떻게 생각했는지를 배우면, 그 문제들을 보다 잘 이해하고, 해결의 실마리를 발견할 수도 있다. 철학을 다루는 방법이, 인간 삶의 방식에서 중요한 위치를 차지하기 때문이다.

결국, 철학은 인간에게 '어떻게 살아가야 할지, 그 방법을 제시해 주는 역할을 한다. 그런 만큼 철학을 고심하라!

러셀의 『서양의 지혜』 - 교육의 본질

철학을 고심할 때, 가장 중요한 영역은 '교육'이다. 과학과 철학에 대한 탐구는, 가르치는 자와 배우는 자의 밀접한 협력이 이루어지는, 학교나 사회에서 가능하기 때문이다.

서구 철학의 근원지인 그리스 사람들은, 주요한 진리를, 적어도, 암암리(暗暗裡)에 이해했다. 그들은, '학문이 지식을 잘라 파는 것이 아니다!'라고 생각했다. 옛날에는 오늘날보다 기록된 문서가 드물어, 구하기가 힘들었다. 현재는 글을 읽을 수 있는 사람이면, 누구나 지식을 모을 수 있다. 도서관에서, 인터넷에서, 정보를 수집하여 정돈할 수 있다. 옛날에 비하면, 교사는 단순히 지식만을 전달해야 할 필요성은 줄어든다.

> 교사의 역할은 학생이 자신의 눈으로 사물을 볼 수 있도록 이끌어 주는 일이다!

그러나 문제가 있다. 스스로 생각할 수 있는 방법을 배우는 일은, 누구나 갖춘 능력이 아니다. 능력은, 개인의 노력과 이 노력에 방향을 제시할 수 있는, 지도자의 도움으로 터득해야 한다.

고등교육기관인 대학의 경우, '독립적인 정신 습관'을 길러 주고, 시대의 편견이나 선입견을 갖지 않는 '탐구 정신'을 키워 주어야 한다. 독립 정신과 탐구 정신을 어느 정도 갖추었느냐에 따라, 그 올바른 기능을 어느 정도 수행할 수 있느냐가 판가름 난다. 대학이 이 과제를 수행하지 못하면, 단순하게 주입식으로 교육하는 수준으로 떨어진다. 용기가 없든, 훈련을 받지 못하든, 독립적인 사고방식이 사라진 곳에는 선전과 권위주의의 독초가 멈출 줄 모르고 널리 퍼진다. 이런 사태에서는, 사회가 통합하여 공동의 목적을 이루기는커녕, 맥 빠지고 깨지기 쉬운, 획일성이 강요된다.

> 교육은 교사의 인도를 받으면서 혼자 힘으로 생각하는 삶의 여정이다.

이런 정신에 기초하여, 프랑스의 철학자 소렐은 강조했다. '철학이란 본디 지혜를 사랑하는 일이 아니다. '친구의 지혜'를 사랑하는 일이다!' 그러하든 그렇지 않든, 소렐의 이 말은, 과학과 철학이, 고립된 개개의 노력에 의해서가 아니라, 전통에 따라 발전함을 강조한다.

다시, 교사와 학생의 관계를 보면, 참다운 학습을 낳는 것은 학생과 교사의 상호작용에 의해서다. 학습은 하나의 변증법적 과정이다. 이때, 교육은 일반적 대화를 통해, 그 흔적을 남긴다. 보통의 언어는 과거부터 내려온 단편적인 철학적 사고가 고여 있는 곳이다. 때문에 언어를 통해 이루어지는 교육은, 지식에 이르는 과정이다. 이는 지성과 지혜로 변모하면서, 인간 삶의 선(善)에 이르는 과정으로 확장된다.

인간의 자유로운 삶이, 교육에 의한 지식과 통찰력으로 얻어진다면, 무지(無知)는 자유를 방해하는 삶의 악(惡)으로 자리한다.

아인슈타인의 『나의 인생관』 - 내가 믿는 것 ①

일반적으로 아인슈타인(Albert Einstein, 1879~1955)은 물리학자, 상대성이론, 양자역학 등 위대한 과학자로 인식되어 있다. 물리학자로 이해되다 보니, 인문학 쪽으로는, 별로 관심이 없는 것 같은 과학자로만 여겨지는 경우가 많다. 하지만, 그가 남긴 여러 글을 읽어 보면, 인간 사회에 관한 그의 시선은, 매우 따스하면서도 열정적이다. 그의 인생관을 피력한 글들의 대부분이 그러하다. 나는 이 위대한 과학자의 사유 속에서 '인간 사회에 대한 배려가 철학으로 회귀하는 것 같은 이미지'를 발견했다. 그 가운데 하나, 아인슈타인은 자신이 '믿는 것'에 관해 다음과 같이 설파했다.

> 사람의 운명이란 얼마나 기묘한가! 저마다 이 세상에 잠시 머물다 갈 뿐이다. 인간은 때때로 인생의 목적을 안다고 자부한다. 그러나 사실, 무엇 때문에, 이 세상에 왔다 가는지 모른다. 깊이 생각하지 않더라도, 인간은 일상을 통해 삶의 의미를 깨닫는다. 무엇보다도, '자신이 다른 사람을 위해 존재한다!'라는 사실이 바로 그것이다. 자신의 행복을 모두 쥐고 있는, 그들의 미소와 안녕을 위해, 그리고 얼굴은 모르더라도, 공감(共感)이란 유대(紐帶)로 얽혀 있는, 운명 공동체(運命 共同體)에 매여서, 인간은 살고 있다.

나는 매일 수백 번씩 되새긴다. '나의 내면적·외형적 삶이, 살아 있거나 이미 숨진 다른 사람들의 노력과 수고에 의지함을!' 따라서 '내가 받았거나 현재 받고 있는 것만큼, 돌려주기 위해 노력해야 함을!' 나는 '검소한 생활에 마음이 끌리고', 또 '내가 다른 사람들의 노고를 지나치게 많이 독점하고 있다는 점을!' 이런 사안에 대해, 때로는 강박감을 느끼면서 인식한다.

인간 사회에서 계급(階級)에 따른 인간 구별은 부당하다. 그것은 결국, 폭력(暴力)을 기반으로 한다. 소박하고 분수를 지키는 삶이, 어떤 사람에게나, 육체적으로도 정신적으로도 좋다. 나는 철학적 의미에서, 인간의 '자유(自由)'를 전혀 믿지 않는다. 모든 사람은 겉으로 '드러나는 강제'만이 아닌 '내적 필요'에 따라 행동한다.

쇼펜하우어의 언표, "사람은 자신이 원하는 것을 할 수 있지만, 정작, 자신에게 필요한 것을 원할 줄은 모른다!" 이 말은 젊은 시절부터, 아인슈타인에게 참된 감화를 주었다. 인생을 살아가면서, 고난에 부딪힐 때마다 위안이 되었고, 마르지 않는 관용의 원천과 같은 역할을 했다. 이런 인식은, 쉽게 마비되는 책임 의식을 부드럽게 어루만져 준다. 인간이 지나치게 엄숙해지는 것을 막아 준다. 특히, 유머를 높게 평가하는 인생관을 갖게 만든다.

아인슈타인이 볼 때, 인간이나 다른 피조물의 존재 의미와 목적을 묻는 것은, 객관적인 견지에서 어리석은 일이었다. 그럼에도, 모든 사람은, 자신의 노력과 판단의 방향을 결정짓는, 어떤 이상을 지니고 있다. 이런 의미에서, 아인슈타인은 안락과 행복을 인생의 목표로 생각한 적이 한 번도 없었다. 이런 인식의 윤리적 바탕을 '누옥(陋屋)의 이상'이라 부르고 싶다.

'누옥'은 '좁고 지저분한 누추한 집'이라는 의미로, 자기의 집을 낮추어 부르는 표현이다. 아인슈타인은 그렇게 겸손했다. 이것이, 벌써

100여 년 전, 세계의 역사를 뒤흔든 지성의 삶이었던가! 40여 년 전 대학 때부터 읽어 오던 아인슈타인의 글이었건만, 다시 마주하고 보니, 내 일상이 부끄러울 뿐이다. 성찰의 시간이 엄중함을 더한다.

아인슈타인의 『나의 인생관』 - 내가 믿는 것 ②

아인슈타인의 사유와 말, 그 인생을 계속 이어 간다.

나의 길을 밝혀 주고, 인생과 유쾌하게 마주하도록, 새로운 용기를 거듭 안겨 준, 이상이 있다. 그것은 '친절'과 '아름다움', 그리고 '진실'이다. 비슷한 생각을 지닌 사람들과의 '동류의식(同類意識)'이 없었다면, 예술과 과학의 발달을 위해 노력하는 가운데 영원히 도달할 수 없는 객관적 세계에 몰두하지 않았다면, 나에게 인생은 공허하게 비쳤으리라. 사람들이 얻으려고 애쓰는 진부한 대상, 즉 재산의 축적이나 외형적 성공, 그리고 사치스런 생활, 그것은 나에게 언제나 경멸스러운 것으로 보였기에.

나는 사회 정의와 사회적 책무를 강하게 느끼고 있다. 하지만, 이것은 내가 다른 사람들, 또는 공동체와 직접적 접촉의 필요성을 크게 느끼지 못한 것과 묘한 대조를 이뤘다. 나는 진정, '외로운 나그네'다. 지금까지 한 번도, 나는, 나의 나라, 나의 집, 나의 친구, 심지어 나의 부모에게조차 귀속된 적이 없다. 사회의 다양한 유대 관계 속에서도, 약간의 거리감과 홀로 있어야 할 필요성을, 단 한 번도 떨쳐 버리지 못했다. 이런 느낌은 해가 갈수록 커졌다.

인간 사회에서, 다른 사람들과 서로 이해하고 조화를 이루는 데는, 한계가 있다. 어떤 사람이건, 그런 점을 통감하지 않을 수 없다. 문제는 세상을 유감없이 인식하는 사람이다. 이런 사람은, 티 없이 해맑은 순진성과 무심한 마음을, 어느 정도는 잃게 된다. 반면, 이런 사람은, 대체로 동료들의 견해와 습관, 판단으로부터 벗어난 독립적 입장을 지켜 나간다. 그런 불안정한 정서를 바탕으로 내면의 평정을 얻으려는 유혹에서 벗어난다.

> 나의 정치적 이상은 '민주주의'다. 모든 사람은 개인으로서 존중받아야 한다. 그 누구도, 사람들 위에 군림하거나 떠받들어지는, '우상(偶像)'이 되어서는 안 된다. 사람이 특별한 자신의 공로도 없는데, 다른 사람으로부터 넘치는 찬사와 존경을 받는 경우가 꽤 많다. 이 무슨 운명의 장난이란 말인가! 이렇게 된 원인을 곰곰이 생각해 보았다. '내가 끊임없는 노력을 통해 알게 된, 몇 가지 개념을 조금이나마 이해하려는, 욕구 때문은 아닐까?'

나는 어떤 조직이 목표를 성취할 때, 한 사람이 머리를 짜내고 지도하고, 또 전반적인 책임을 지는 일이 필요하다는 점을 잘 알고 있다. 그러나 지도를 받는 사람들이, 강제당해서는 안 된다. 그들은 지도자를 선택할 수 있어야 한다. '강제에 의한 독재' 체제는 바로 퇴보하기 마련이다. 물리력은 언제나 도덕 수준이 낮은 사람들을 끌어들인다. 따라서 천재적 능력을 가진 독재자들이, 제멋대로 권력을 휘두르며 사람들을 억압하고, 또 그 뒤를 계승하는 자들이 악당(惡黨)이라는 점은 불변의 법칙이다. 때문에 나는 20세기 전반부의 이탈리아와 소련의 체제에 언제나 열성적으로 반대해 왔다.

20세기 전반부, 유럽의 민주주의 형태가 불신을 받는 이유가 있다. 민주주의의 원칙 자체가 문제인 것은 아니다. 정부의 안정성 결여와 선거 제도의 비인격적 특성 때문이다. 이런 점에서 미합중국은 올바른 길을 찾아낸 것처럼 보인다. 미국에서는 선출된 대통령이 충분한 임기를 누리며, 책무를 수행하기에 부족함이 없는 권한을 지니고 있다.

한편, 내가 독일의 정치 제도에서 값지게 생각하는 부분이 있다. 개인이 병들거나 곤궁에 처했을 때, 그에게 도움이 되는 복지 대책을, 보다 폭넓게 갖추고 있다는 점이다. 내가 보기에, 허식에 휩싸인 인생에서, 참으로 값진 것은 국가가 아니다. 독창적이고 감각이 섬세한 개인, 즉 '개성'이다. 일반 사람이, 생각도 느낌도, 모두 갈이 무딘 채로 남아 있을 경우, 그런 '개성'만이 고결하고 기품 있는 것들을 창조한다.

아인슈타인의 『나의 인생관』 - 내가 믿는 것 ③

아인슈타인의 인생에 관한 믿음은 더욱 공고해진다. 민주주의와 복지의 중요성, 문명사회의 비판을 넘어 인간 이성의 아름다움을 찬양한다. 군대 비판으로 시작되는 그의 믿음을 다시 이어 간다.

인간 사회와 정치 체제 등, 인간의 삶에 관한 이야기를 하다 보니, 다른 문제도 짚어 볼 필요가 있겠다. 내가 혐오하는 조직이 하나 있다. 그것은 '군대(軍隊)'다. 군대는, 집단생활의 가장 쓸모없는 형태다. 어떤 사람이 밴드의 선율에 맞춰, 4열종대로 힘차게 행진하는 모습을 보고, 즐거움을 맛본다면, 나는 그것만으로도 그를 경멸할 것이다. 이런 사람이, 명석한 두뇌를 갖게 되어 중요한 일을 맡게 되었다면, 이는 정말 조물주의 실수다. 그에게는 보호막 없는 척수만 있어도 족하리라.

문명사회에서, 나쁜 폐단의 중심이 될 수 있는 이러한 것은, 되도록 빨리 사라져야 한다. 나는 정말 몸서리친다. 명령에 따라 발휘되는 용맹과 무분별한 폭력, 애국심이란 이름으로 자행되는 그 불쾌한 난센스! 정말 혐오스럽다. 군대의 최종 목적인 전쟁(戰爭: war)! 그것은 정말 끔찍하지 않은가! 얼마나 혐오스럽고 비열한가! 그런 가증스러운 일에 끼어드느니, 차라리 난도질을 당하겠다.

나는 인류 사회를 높이 평가한다. 때문에, 상업적 · 정치적 이해 관계자들이, 교육과 언론을 통해, 사람들의 건전한 의식을 조직적으로 타락시키지 않았다면, 이런 악마 같은 존재는 오래전에 사라졌으리라 믿는다.

사람이 체험할 수 있는, 가장 아름다운 느낌은, '신비감(神秘感)'이다. 신비감은 참된 예술과 진정한 과학의 원천이다. 이를 알지 못하여, 더 이상 경이로움을 느낄 수 없는 사람은, 산송장이나 다름없다. 그의 두 눈은 침침할 뿐이다. 인류가 영혼의 구원을 꾀하며 종교를 탄생시킨 것은, 그것이 비록 삶의 두려움과 뒤섞여 있기는 하지만, 다름 아닌 신비감의 체험 때문이었다.

인간이 이해할 수 없는, 어떤 것이 존재한다! 가장 원시적인 형태로만, 우리의 마음에 와 닿을 수 있는, 심오하기 짝이 없는 이성과 더할 수 없이 눈부신 아름다움! 이에 대한 인간의 지각, 그 인식과 감성이 참된 신앙심을 형성해 낸다. 이런 의미에서, 그리고 이런 의미에서만, 나는 독실한 신앙인이다.

나는, 자기 창조물에게 상과 벌을 내리고, 인간의 내면에서 일어나는 것과 같은 의지를 지닌, 신(神)을 상상할 수 없다. 사람이 육체적으로 죽은 뒤에 계속 산다는 것 또한 생각할 수도 없고, 생각하고 싶지도 않다. 나약한 사람들이, 두려움과 터무니없는 이기심에서, 그런 생각을 한 것이다.

나는 생명의 영속성을 불가사의(不可思議)한 것으로 이해한다. 무엇보다도 현존(現存)하는, 세계의 경이(驚異)로운 구조를 인식(認識)하고, 일별(一瞥)하는 데 만족한다. 또 아무리 사소하더라도, 자연에 그 모습을 드러내고 있는 '이성(理性)'을, 조금이나마 이해하기 위해, 헌신적인 노력을 기울이는 데 만족하려고 한다.

아인슈타인의 『나의 인생관』 – 사회와 개성 ①

개인(個人: individual)과 사회(社會: community)의 관계 문제는, 인류 역사의 영원한 화두 가운데 하나이다. 개인의 자유(自由)와 사익(私益)을 앞세우면 개인주의가 발달하고, 그것이 부정적으로 드러날 경우 이기주의로 전락할 수 있다. 사회(社會)의 평등과 공익(公益)을 앞세우면 공동체주의가 발달하고, 그것이 부정적으로 표출될 경우 전체주의의 위험이 도사릴 수 있다. 아인슈타인은 간략하지만 진지하게 그에 관한 사색의 길에 나섰다.

인간의 삶과 노력을 살펴보면, 거의 모든 행위와 욕구가, '다른 사람들'이라는 존재와 밀접하게 연관되어 있다. 또한 인간의 본성은 사회적 동물들의 본성과 흡사함을 보게 된다.

인간은 다른 사람들이 생산한 음식을 먹는다. 다른 사람들이 만든 옷을 입는다. 다른 사람들이 지은 집에서 산다. 인간의 지식과 믿음 가운데 상당 부분은, 다른 사람들이 만든 '언어(言語)'라는 수단을 통해, 누군가를 거쳐, 나에게 전달되었다. 언어가 없다면, 인간의 정신적 능력은 다른 고등 동물과 비슷한, 그야말로 빈약한 수준일 것이다.

사람이 짐승에 비해 두드러진 우월성을 지니게 된 것은, '인간 사회'에서 살기 때문이라는 사실을 인정해야 한다. 태어날 때부터 사람을 혼자 있게 내버려둔다면, 인간의 생각이나 감정은 상상할 수 없을 정도로 원시적이고, 짐승 같은 모습 그대로 남아 있을 것이다. 한 개인이 사람답고, 나름대로 인생의 의미를 지니는 것은, 그 개체성에 의해서라기보다, 그가 요람에서 무덤까지, 자신의 육체적·정신적 생존을 이끌어 주는, 거대한 인류 공동체의 일원이기 때문이다.

공동체에 참여하는 인간의 가치는, 다음과 같은 차원에 의해 좌우된다. '그 사람의 감정과 생각, 그리고 행동이, 얼마나 다른 사람들의 복리(福利)를 증진시키는 방향으로 기울어져 있는가!' 이런 측면에서 인간은 '어떤 태도를 보이느냐?'에 따라, 그 사람을 '훌륭하다' 또는 '못되었다'라고 판단한다. 이렇게 본다면, 사람에 대한 평가가 사회적 품성에 완전히 좌우되는 것처럼 느껴질 수 있다. 하지만 이런 태도는 옳지 않다.

인간이 사회로부터 누리는 온갖 값진 성취, 즉 물질적·정신적·도덕적 성과는 창의적 개인들이 오랜 세월에 걸쳐 이뤄 낸 것이다. 어떤 사람은 불을 사용하는 방법을 찾아냈고, 어떤 사람은 식용 작물의 경작법을 알아냈으며, 또 어떤 사람은 증기 엔진을 발명했다.

이런 차원에서 개인의 가치는 새롭게 조명되어야 한다. 아인슈타인의 생각은 아주 상식적인 것처럼 느껴지지만, 그 상식에는 심사숙고를 거친 흔적이 역력하다. 그의 지적은 사회가 매우 중요하지만, 그 공동체의 존재 이유와 발전의 힘이, '개인에게서 생겨난다!'라는 유기체적 사유가 녹아 있다.

아인슈타인의 『나의 인생관』 – 사회와 개성 ②

개인이나 개성에 관한 아인슈타인의 사색은 더욱 깊어진다. 그는, 공동체의 번영과 개성의 계발이, 어떤 차원에서 유기체적 삶을 이어가는지를 보여 준다. 한 개인의 사유가 얼마나 의미 있을까? 아인슈타인은 말한다.

> 개인만이 사유할 수 있다! 그에 따라 사회는 유용한 가치를 새로 창출한다! 나아가 공동체 생활이 준수해야 할 새로운 도덕규범까지도 만들어 낸다! 독자적으로 생각하고 판단할 수 있는 창의적인 사람들이 없다면, 사회의 향상과 발전은, 공동체라는 자양분(滋養分: nutritious element)이 없는 곳에서 사람의 개성을 계발하는 것만큼이나 생각하기 어려운 일이다.

때문에 사회의 건강은, 구성원들 사이의 긴밀한 사회적 응집성(凝集性: agglutinability)만큼이나 그 사회를 이루는 개인의 독립성에 좌우된다. 그리스, 유럽 및 미국 문화, 특히 중세 유럽의 정체성을 종식시킨, 이탈리아 르네상스의 눈부신 개화, 그 기본 바탕은 개인의 해방과 상대적 고립이었다.

20세기 초반, 이 시대는 어떠한가? 사회는 어떻게 펼쳐지고, 개인은 어떻게 지내는가?

먼저, 문명국가들의 인구 밀도는 과거에 비해 훨씬 높아졌다. 오늘날 유럽에는 1백 년 전에 비해 3배나 많은 사람들이 살고 있다. 그러나 탁월한 인물의 숫자는, 인구 증가 비율에 비추어 볼 때, 오히려 줄

어들었다. 창의적인 업적을 통해, 일반에게 널리 알려진 개인들은, 겨우 몇몇에 지나지 않는다. 뛰어난 인물들의 자리를, 어느 정도 대체할 수 있었던 것은 바로 조직이다. 이런 현상은 기술 분야에서 확연하고, 과학 부문에서 상당히 두드러져 보였다.

걸출한 인물이 눈에 띄지 않는 분야는, 특히 예술 쪽이다. 미술과 음악 부분은, 뚜렷하게 쇠퇴하면서, 대중적 매력을 거의 상실했다. 정치 분야에서는, 걸출한 지도자들을 찾기 어렵다. 뿐만 아니라, 시민들의 정신적 독립성과 정의감도 크게 약화되었다. 이러한 독립성에 기초한 의회 민주 체제는, 여러 나라에서 크게 흔들렸다. 개인의 존엄성과 권리에 대한 의식이, 과거처럼 강하지 못하게 되면서, 독재가 생겨나고 또 용인되고 있다.

어떤 나라에서건, 언론들이 2주일 정도만 선동하면, 양처럼 순한 대중이 단번에 격앙되어, 소수 이해 집단의 더러운 목적을 위해, 군복을 입고 나서서, 기꺼이 사람을 죽이고 죽는 사태가 발생할 수 있다! 의무 병역제는, 오늘날 문명인으로서 인류가 겪고 있는, 가장 치욕스러운 개인 존엄성 상실의 증거다. 상황이 이러한데, 인류 문명의 조기 소멸을 점치는 예언자들이, 허다하다는 것이 놀랄 일이겠는가!

그러나 아인슈타인은 이런 비관론자들 가운데 한 사람이 아니었다. 앞으로, 보다 좋은 시절이 오리라 믿었다. 아인슈타인이 이런 확신을 품은 이유는 다음과 같다.

현재와 같은 쇠락 현상이 나타나게 된 것은, 경제와 기술의 발전으로 생존 투쟁이 격화되면서, 개인의 자유로운 개발이 크게 위축되었기 때문이다. 과학기술의 발전은, 공동체의 수요를 충족시키기 위해, 개인이 감당해야 할 노동의 양이 점차 줄어든다는 것을 의미한다.

분업의 필요성은, 날이 갈수록 더욱 절박해질 것이고, 이런 분업은, 개인에게 물질적 안정을 가져다줄 것이다. 이런 안정과 함께, 개인이 자신의 뜻대로 활용할 수 있는 여가 시간과 에너지는, 개성의 개발로 전환될 수 있다.

이러한 형태로 공동체는 건강을 되찾을 것이다. 아인슈타인은 기대했다. 장래의 역사가들이 현재와 같은 사회의 병적 징후를, 욕심 많은 인류의 유아기적 질환, 그것도, 오로지 지나치게 빠른 문명의 발전 속도 때문에 빚어진 병으로 해석하기를.

아인슈타인의 『나의 인생관』 - 교육 ①

어떻게 보면, 교육에 대해서는, 그 내용이나 체계에 대해 잘 모르는 일반인에서 교육 전문가에 이르기까지, 다양한 형태의 의견이 제시될 수 있다. 그것은 교육이, 삶의 저변에서, 인생을 추동하는 근원적 힘이기 때문이다. 물론, 일반인들이 자기 생각에만 의존하여 의견을 제시하거나 전문가들이 기존 이론을 왜곡하여 견해를 제시할 경우, 전통적인 교육의 기준에 어긋나기도 하고, 시대정신에 부합하지도 않고, 인간적이지도 않은, 비교육적이거나 반교육적 내용이 담기기도 한다.

아인슈타인은 교육학자나 교육전문가는 아니다. 하지만, 그는 인류사의 위대한 과학자로서, 그를 길러 낸 인류 교육의 상징으로서, 교육의 표상이 될 수 있다. 아인슈타인 자신도 그렇게 교육에 접근한다.

"나는 교육학에 문외한이다! 때문에 내가 교육에 관한 어떤 의견을 제시할 용기는, 개인적 경험과 신념 이외에 다른 것에서 끌어올 수 없다!"

교육철학자인 내가 보기에, 아인슈타인의 교육에 관한 견해는, 어떤 교육학자에 못지않은, 의미심장한 메시지를 던진다. 아인슈타인은 진지하게 고민한다. 활동적인 인간사를 펼쳐 나갈 때, 진리에 대한 지식만으로는 충분하지 않다! 진리에 대한 지식은, 오히려 그 자체를 잃지 않으려면, 끊임없는 노력을 통해 지속적으로 바꾸어야 한다. 그것은 사막 한가운데 있는 대리석과 같아서, 모래의 이동으로 끊임없이 매장될 위협을 받고 있다. 대리석이 계속해서 햇빛을 받기 위해서는, 늘 봉사의 손길이 있어야 한다. 그런 다음에, 아인슈타인은 말한다.

"나의 작업도 이러한 봉사의 손길에 속하리라!"

교육 문제를 다룰 때, 아인슈타인은 어떤 형태의 권위, 특히, 모든 시대의 지적이고 뛰어난 사람들이, 교육 문제와 관련한 견해를 거듭 분명하게 밝힘으로써 획득한, 권위에 호소한다. 교육에서 핵심을 차지하는 학교는, 언제나 풍부한 전통을, 세대에 걸쳐 전달하는 가장 중요한 수단이다. 근대 사회가 낳은 경제생활의 발전이 전통과 교육의 길잡이 역할을 한 가족 기능을 약화시켰기 때문이다. 학교는 때때로 엄청난 양의 지식을 젊은 세대에게 전달하는 하나의 수단으로만 인식한다. 그러나 이는 잘못이다. 지식은 죽어 있는 것이다! 하지만 학교는, '살아 있는 것'에 봉사한다.

> 학교는 젊은 세대에게 내재된, 사회 복리 측면의, 가치 있는 자질과 능력을 계발해야 한다. 그렇다고 교육이, 개인의 개성이 무시되고, 오직 꿀벌이나 개미처럼 공동체의 단순한 도구가 되어야 한다는 의미는 아니다. 개인의 독창성이나 목적이 없는 표준화된 개인 공동체는, 발전 가능성이 없는 빈약한 무리에 지나지 않는다. 오히려, 교육은, 독립적으로 행동하고 사고하는 개인들을 훈련해야 하고, 이렇게 훈련받은 개인들은 공동체에 봉사함으로써 자신들의 인생 문제를 보게 된다.

그렇다면 이러한 교육을 어떻게 실천할 수 있는가? 도덕적으로 순진하게, 그 목표나 목적을 얘기하며 구현한다고? 그렇게 하기는 힘들다. 말이란 공허한 소리에 지나지 않는다. 인류 역사를 볼 때, 파국에 이르는 길에는, 늘, 이상에 대한 말뿐인, 호의가 뒤따랐다. 그러나 교육을 통해 길러 낸 인격은, 듣고 말하는 것이 아니다. 노동하고 실행하는 일을 통해 형성된다.

가장 중요한 교육은, 학생이 실제로 수행하지 않을 수 없게 만드는 방법으로, 이루어진다. 이를테면, 어린 학생의 첫 번째 습작을 비롯하여, 대학에서의 학위 논문, 단순한 시 암기, 악보 작성, 원서 번역과 해석, 수학 문제 해결, 또는 육체적인 운동 등, 모든 분야에 이런 방법을 적용할 수 있다. 그런 성취의 이면에는, 그것의 토대를 이룰 뿐만 아니라, 적극적으로 수행함으로써 강화되고 배양되는 동기부여가 존재한다. 동기부여에 따라 성취 결과는 큰 차이를 보인다. 학교의 교육 가치에서 동기부여는 가장 중요하다. 일에 대한 성취는, 건강한 학생이라면 갖고 있는 공포와 강제, 권위와 명예에 대한 야망, 또는 대상에 대한 충실한 관심과 진리를 이해하려는 열망 등을 통해 이뤄진다. 때때로는 이른 나이에 퇴화하는 신성한 호기심에서도 기원한다.

똑같은 일을 성취했지만, 그것이 학생에게 미치는 교육적 영향은, 고통에 대한 공포, 이기적인 열정, 쾌락 및 만족에 대한 욕망이, 그 일의 근저에 놓여 있는지의 여부에 따라 달라질 수 있다. 또한, 학교 행정 시스템이나 교육자들의 태도도, 학생의 심리적 기초를 형성하는 데 영향을 미친다.

아인슈타인의 이런 인식은, 교육의 본질을 고민하는 데, 하나의 지침이 된다. 그가 강조한 사회 복리 차원의 자질과 능력 계발, 실제 수행, 동기부여 등은, 교육학 이론에서도 강조되는 교육의 지향과 방법이 상당수 녹아들었다.

아인슈타인의 『나의 인생관』 교육 ②

'교육을 한다!'

정말, 교육을 한다고 해서, 무조건 건전한 인간 성장을 도모할 수 있을까? 교육의 과정에서 어떤 방법을 활용하느냐에 따라, 그 결과는 다양하게 드러날 수 있다. 아인슈타인은 우려한다. 가장 나쁜 교육 방법이 횡행하는 현실을 걱정한다. 그것은 학교가 공포와 힘, 그리고 인위적 권위를 동원하여 학생들을 가르칠 때, 발생한다.

이러한 방식은, 학생의 건전한 정서와 성실성, 자기 신뢰를 무너뜨릴 뿐만 아니라, 순종적인 주체를 낳는다. 학교를, 이러한 방식의 최악 상태에서 벗어나게 하는 작업은, 비교적 간단하다. 학생들에게 강제 조치를 취할 수 있는, 교육자의 권리를 최대한 줄여라! 그리고 학생들이 교육자를 존경하는 유일한 원천을, 그의 인간적이고 지적인 자질에 두라!

아울러 경계해야 할 부분도 많다. 그 가운데 하나가 개인의 야망과 연관된다. 특히, 동료보다 강하고 현명하다고 인정받으려는 욕망은, 극도로 이기적인 심리적 반응을 불러일으켜, 개인이나 사회에 해를 미칠 수 있다. 때문에 학교와 교육자는, 학생들에게 개인의 야망을 북돋우기만 하는 교육 방법을 채택하지 않도록, 신경 써야 한다. 어떤 사람은, 다윈의 적자생존(適者生存) 이론을 경쟁심 고취를 위한 강제력으로 말해 왔다. 개인 사이의 경쟁이라는 파괴적 투쟁의 필요성을, 사이비 과학으로 입증하려는 시도를 했다. 그러나 이는 잘못된 접근이다. 왜냐하면 생존을 위한 투쟁에 사용하는 인간의 힘은, 사회적 동물이라는 사실에 의거하기 때문이다.

> 교육은 경계해야 한다! 젊은 세대에게, 경쟁을 통해, 관례적 의미에서 성공한 모습을 인생의 최대 목표로 가르치는 일을! 성공한 사람의 대부분은, 그가 동료들에게 행한 봉사와는 비교할 수 없을 정도로, 동료들에게서 많은 것을 배려받은 사람이다. 그러므로 인간의 가치는, 그가 받을 수 있는 것이 아니라, 그가 나눠 준 것을 가지고, 판단해야 한다.

학교와 사회에서 목표를 실천하는 데 가장 중요한 동기는, 일에 대한 즐거움과 그 결과에 대한 즐거움, 그리고 그 결과가 공동체에 미치는 가치에 대한 인식에서 느낄 수 있는 즐거움 등이다. 아인슈타인은 강조한다.

"젊은 세대에게 이러한 심리적 힘을 깨우치고 강화하는 일! 그것이 학교가 해결해야 할 가장 중요한 과제다!"

교육은, 어린아이 때부터 놀이에 대한 성향과 인정에 대한 욕망을 계발하고, 그 아이를 사회의 중요한 분야로 이끌어 내는 데 있다. 이런 교육은 성공적인 활동과 승인이라는 욕망에 기초해 있다. 학교가 이러한 관점에서 성공적으로 학업 분위기를 조성한다면, 자라나는 세대에게 큰 존경을 받을 것이다. 학생들은, 학교에서 받은 과제도 하나의 선물이라고 생각하며, 기쁜 마음으로 수행하리라. 방학보다 학교생활을 더욱 좋아하는 아이들이 많은 교육!

이런 차원에서, 아인슈타인은 교육에 관한 다음과 같은 생각을 반대한다.

"학교는 특수 지식이나 생활에서 바로 사용할 수 있는 지식만을 가르쳐야 한다."

왜냐하면, 생활의 요구들은, 학교에서 다루는 전문적 지식 훈련으도 감낭하기에는, 너무나 다양하기 때문이다. 이보다 더 큰 반대 이유가 있다. '개인을 죽은 연장으로 취급하는 것은 옳지 않다!"라는 신념 때문이다. 학교에서 구현하는 교육은, 젊은 세대를 지식 전문가로 기르는 데 머무는 것이 아니라, 조화로운 인격체로 만드는 사업을 지향해야 한다.

아인슈타인은, 특정 직업을 위해 학생을 훈련시키는, 기술학교에서도 이러한 목적이 적용되어야 한다고 본다. 전문적 지식 습득보다는 독립적으로 사고하고 판단할 수 있는 능력 계발이 최고의 자리에 놓여야 한다. 자기가 관심을 기울인 주제에 대해, 기본적 사항들을 습득하고, 독립적으로 사고하고 일하는 방법을 배운 사람은, 확실하게 자신의 진로를 개척해 나갈 수 있다. 동시에 세분화된 지식 습득만을 훈련받은 사람에 비해, 발전과 변화에 훨씬 잘 적응한다! 아인슈타인의 교육에 관한 이러한 견해는, 철저하게 그의 경험에 기초한, 자기 교육의 시선이다.

아인슈타인의 『나의 인생관』 - 사회주의 ①

개인과 사회! 그 무엇이 인간 세계를 지탱하는가? 단언하기 힘든 사유와 실천의 장단점 속에서, 인간은 이상과 신념의 가치 체계를 가꾸어 가며, 정치 체제에 대한 고심을 거듭해 왔다. 개인의 자유나 집단의 규범은 인류의 삶에 어떤 힘을 줄까? 사람들은, 왜, 개인을 앞세운 자유주의를 옹호할까? 아니면, 그 반대편의 사회주의를 선호할까? 어려운 문제가 아닐 수 없다.

과학자 아인슈타인은 과감하고도 당당하게 펼친다.

"왜 사회주의인가?"

사회주의라는 주제에 대해, 비전문가인 존재가 자신의 견해를 표명하는 일이 바람직한가? 아인슈타인은 '그렇다!'라고 믿는다. 몇 가지 지점에서 아인슈타인은 사회주의를 적극적으로 옹호한다. 생각하기에 따라서, 그는 온전한 사회주의자였다.

첫째, 아인슈타인은 과학자로서, 과학적 지식의 관점에서 이 문제를 고심한다. 인류는 생존을 위한 정복의 역사를 거듭했다. 정복민은 특권 계급으로서 토지를 독점했고, 사회를 지배하는 가치 체계를 만들었다. 이는 인간의 발달 과정에서 '약탈 국면'에 속하며, 인류는 이를 실제적으로 극복하지 못했다. 아인슈타인은 이 지점에 주목한다. 엄밀히 말하면, 사회주의의 진정한 목적은 인간 발달의 약탈 국면을 뛰어넘는다. 문제는 현재의 경제학이다. 그것은 미래 사회주의를 조명하기 힘들다. 이는 과학의 한계다.

둘째, 아인슈타인은 사회주의의 사회·윤리적 목적 지향에 주목한다.

과학은 목적을 세울 수 없다. 그것을 인간 존재 내에 심을 수 없다. 과학은, 기껏해야, 특정 목적을 달성할 수 있도록 수단을 제공할 뿐이다. 목적 자체는, 고결한 윤리적 이상을 지닌 인격체들이 고안하고, 이러한 목적들이 생동하고 활력을 지니면, 그 절반은 무의식적으로, 사회의 점진적 진화를 결정하는 많은 인간들이 채택하고 실행한다. 이 지점에서 인간의 사회주의적 특성이 드러난다.

인간은 고독한 동시에 사회적인 존재이다. 고독한 존재로서 인간은 자신의 생존뿐만 아니라 가까운 사람들의 생존을 지키고, 개인적 욕망을 충족시키며, 타고난 능력을 계발하려고 노력한다. 사회적 존재로서 인간은 동료의 인정과 애정을 얻으려고 하고, 그들과 함께 기쁨과 슬픔을 나누려고 하며, 그들 삶의 조건을 개선하려고 애쓴다. 가끔씩 갈등을 빚기도 하고, 다양한 열망이 존재한다는 사실이, 인간의 특수한 성격을 잘 설명해 준다. 이런 다양한 열망의 결합 형태에 따라, 한 개인은 내적 평정을 얻기도 하고, 사회복지에 기여할 수 있는 정도도 결정된다.

최종적인 인격은, 한 인간이 발전하면서 자신을 발견하는 환경에 의해, 성장한 사회 구조에 의해, 사회 전통에 의해, 특정 유형의 행동에 대한 사회 평가에 의해 형성된다. '사회'라는 추상적 개념은, 개별 인간에게, 같은 시대를 사는 사람뿐만 아니라, 이전 세대의 모든 사람들과의 직·간접적 관계의 총합을 의미한다. 개인은 홀로 생각하고, 느끼고, 노력하고, 일할 수 있다.

그러나 인간은 신체적·지적·정서적 측면에서 사회에 매우 의존적이다. 때문에 사회라는 틀을 벗어난 개인을 생각하거나 이해하는 일은 불가능하다. 인간에게 제공되는 음식, 의복, 집, 작업 도구, 언어, 사고 형태 및 대부분의 사고 내용은 사회가 제공한다. 개인들의 삶은, '사회'라는 개념어에 숨어 있는, 과거와 현재의 수많은 사람들의 노동과 성취에 의해 가능해진 것이다. 사회주의에 관한 이해는 이런 인식에서 싹튼다.

아인슈타인의 『나의 인생관』 - 사회주의 ②

사회에 대한 개인들의 의존은, 폐지될 수 없는 자연적 사실이다. 이때, 인간의 사회적 유형과 상호 관계는, 대단히 가변적이며 변화에 민감하다. 인간 사회의 발전은 변화에 기인한다. 아인슈타인은 발전의 동력을 명확하게 구명한다.

기억, 새롭게 결합할 수 있는 능력, 언어 소통 등의 선물은, 생물학적 필연성으로 강제되지 않는, 인간 사이의 발전을 가능하게 만들었다. 이러한 발전으로, 인간은 전통, 제도, 조직, 문학, 과학, 예술 등의 성취 속에, 자신을 드러낼 수 있게 되었다. 이는 어떤 의미에서, '인간이 행위를 통해, 어떻게 자신의 삶에 영향을 미칠 수 있느냐?', '이러한 과정에서, 의식적 사고와 욕망은 어떤 기능을 하느냐?'의 여정을 잘 설명해 준다.

인간은 태어나면서부터, 종(種)을 특징짓는 자연 충동을 포함하여, 영원히 고정되는 것으로 간주되는 생물학적 구성을 지닌다. 게다가 살아가는 동안, 소통뿐만 아니라 다른 많은 유형의 영향들 때문에, 사회에서 받아들여지는 문화적 구성을 얻게 된다. 이러한 문화적 구성은, 시간의 흐름에 따라 변화되며, 개인과 사회의 관계를 규정한다. 인간의 사회적 행태는, 지배적인 사회의 조직 형태와 문화 유형에 따라 크게 다를 수 있다. 인간의 운명을 개선하려는 사람은, 자신들의 희망을 바로 이 사회에 뿌리내리려고 한다.

인간의 삶을, 가능한 한 만족스럽게 만들기 위해, 사회 구조와 인간의 문화적 태도를 어떻게 변화시켜야 하는지 묻는다면, '인간의 힘으로 바꿀 수 없는 어떤 조건들이 존재한다!'라는 사실을 끊임없이 의식해야 한다. 예를 들면, 생존을 위한 필수적 재화를 갖춘, 상대적으로 인구 밀도가 높은 지역에서는, 극단적 노동 분업과 고도로 집중된 생산 장치가 절대적으로 필요하다.

현대 사회가 맞닥뜨린 위기가 있다. 그 핵심은 개인과 사회의 관계에 대한 관심이다. 개인은 어느 때보다 사회에 의존한다. 그러나 개인은 자신의 의존을 긍정적 자산으로서, 유기적 결속으로서, 보호막으로서가 아닌, 자신의 자연권으로서, 경제적 생존에 대한 위협으로서 경험한다. 사회에서 개인의 위치는, 기질상의 이기적 충동이 끊임없이 강화되는 반면, 본성상 취약한 개인의 사회적 충동은 점진적으로 퇴화되는 모습이다. 모든 인간은, 자신의 사회적 위치와 상관없이, 이러한 퇴화 과정으로 인해 고통 받고 있다. 자신의 이기심에 빠져 있는 것조차 알지 못하는 죄수처럼, 그들은 불안해하고 고독해하며, 소박하고 단순하며, 꾸밈없는 인생이 박탈되었다고 느낀다. 그럼에도 인간은, 사회 헌신을 통해서만, 짧고 위험천만해 보이는 인생에서, 참 의미를 발견할 수 있다.

아인슈타인은 강조한다. 악의 원천은, 오늘날 존재하는 자본주의 사회의 경제적 무정부 상태다. 생산을 담당한 거대한 공동체를 보라. 그 공동체의 대표는 집단 노동의 열매를, 폭력이 아니라 법을 충실히 따르면서 탈취하려고 한다. 이러한 측면에서 부가적인 자본재 이외에, 소비재를 생산하는 데 필요한 생산 수단 전체가, 법적으로 사적 소유라는 현실을 깨닫는 것이 중요하다. 이때 생산 수단의 소유자는, 노동자의 노동력을 구매하는 위치에 있다. 노동자는, 생산 수단을 활용함으로써, 자본가의 소유가 되는 새로운 재화를 생산한다. 이 과정에서,

핵심은 노동자가 생산하는 것과 자본가에게 지불되는 것 사이의 관계다.

노동자의 생산은, 사용을 위해서가 아니라 이윤을 위해서 이뤄진다. 능력 있고 기꺼이 일하려는 모든 사람들이, '마음만 먹으면 고용될 수 있다!'라는 규정은 어디에도 없다. 그것은 바로 '실직자 집단'이 언제든지 존재한다는 의미다. 노동자는 끊임없이 실직의 위험에 처해 있다. 실직 노동자, 또는 저임금 노동자로 인해 시장의 수익성은 떨어진다. 그 여파로 소비재 생산이 제한되어, 사회는 곤란한 상황에 처하게 된다. 기술 발전은, 노동의 짐을 덜어 주기보다, 실직의 원인이 되기도 한다. 이윤이라는 동기는 자본가 사이의 경쟁을 유발하며, 자본 축적과 활용 측면에서 야기되는 불안에 책임을 진다. 이러한 불안은 심각한 경제 불황의 원인이 된다. 또한, 무한 경쟁은 노동의 낭비뿐만 아니라, 개인들이 갖추어야 할, '사회의식의 불구'를 낳는다.

아인슈타인은 직시하며 확신한다. 사회의식의 불구는 자본주의의 가장 큰 악이다! 교육 시스템은 이러한 악으로 인해 고통 받고 있다. 학생들에게 경쟁적 태도를 지나치게 강조하게 되면서, 탐욕적 성공이 숭배된다. 이 거대한 악을 제거하기 위한 방법은 한 가지뿐이다.

"사회적 목적 지향의 교육 체계를 수반하는, 사회주의 경제를 확립하는 일!"

사회주의 경제에서, 생산 수단은 사회가 소유하고 계획된 방식으로 활용한다. 생산을 공동체의 필요에 맞추는 계획경제는, 노동하려는 모든 사람들에게 분배하며, 남녀노소 모두의 생계를 보장할 것이다. 개인별 교육은 타고난 능력을 키우는 것 외에도, 사회에 만연해 있는 권력과 성공을 예찬하는 대신, 동료에 대한 책임감을 계발하려고 시도할 것이다. 물론, 계획경제가 완벽한 사회주의의 체제는 아니다.

그것이 개인의 완벽한 노예화를 수반한다면, 충분히 경계해야 한다.

진정한 사회주의는 극단의 사회적·정치적 난제들을 해결할 것을 요구한다. 관료주의의 권력 남용과 오만 방지, 개인의 권리 보호, 권력에 대한 민주적 견제, 부정적 요인을 극복하기 위해 무엇이 담보되어야 하는가? 아인슈타인의 진정한 사회주의를 향한 열정은 이런 사유에 기초한다.

아인슈타인의 『나의 인생관』 - 전쟁과 평화

'전쟁과 평화'는 인류의 딜레마 가운데 딜레마다. 평화를 염원하지만 전쟁은 수시로 발발하고, 전쟁의 소용돌이 가운데 평화의 손길은 수시로 뻗친다.

아인슈타인은 1차, 2차 세계대전을 몸소 겪은 사람이다. 과학자의 시선에서 보았을 때, 전쟁은 어떤 것이었을까? 1932년 7월 30일, 아인슈타인은 독일 북동부 베를린 부근의 도시 포츠담, 그 근교의 카프트에서, 정신분석학으로 유명한 프로이트에게 마음속 깊은 우정을 담아 편지를 보낸다. 편지의 주제는 심각하다.

'과연, 인간이 전쟁이란 멍에를 벗을 수 있을까?'

아인슈타인은 치밀한 생각과 신념을 담아 자신의 견해를 전달했다.

> 기술은 크게 진보했고, 전쟁은 문명인의 운명을 결정하는 문제가 되었습니다. 현재 이것에 관하여 모르는 사람은 없습니다. 문제를 해결하기 위해 진지한 노력도 기울이고 있습니다. 그러나 해결책은 아직도 보이지 않으니, 정말 놀라운 일입니다.
>
> 제가 보기에, 전쟁 문제 전문가조차도, 자신들의 힘으로 해결할 수 없어, 도움을 요청하는 것 같습니다. 그들은 학문에 조예가 깊은 사람, 인간 생활에 정통한 사람들에게서 의견을 듣고 싶다고 진심으로 바라는 것입니다. 저는 물리학자이기 때문에, 인간의 감정이나 생각의 깊은 곳을 들여다보는 일에는 뛰어나지 못합니다.
>
> 전쟁 문제 해결을 방해하는 여러 가지 장애가, 인간의 마음속

에 있다는 것은, 심리학에 정통하지 않은 사람이라도 알고 있습니다. 그러나 그 장애가 어떻게 뒤얽혀 있고, 어떤 방향으로 움직이는가를 파악할 수는 없습니다. 당신이라면 이 장애를 제거하는 방법을 알려 줄 수 있지 않겠습니까? 정치로는 손이 미치지 않는, 사람 마음의 교육이라는 방법으로 접근할 수 있지 않겠습니까?

그런데, 인류 역사에서 수 세기 동안, 국제 평화를 실현하기 위해 많은 사람들이 끊임없이 노력을 기울여 왔음에도 불구하고, 아직 평화는 찾아오지 않았습니다. 그렇다면 이렇게 생각할 수밖에 없습니다.

'인간의 마음 자체에 문제가 있고, 평화를 위한 노력에 맞서는 어떤 힘이, 인간의 마음속에서 작용하고 있는 것이라고.'

이러한 힘 가운데, 모두가 아는 것도 있습니다. 그 첫 번째가 '권력욕'입니다. 어느 시대에도 국가 지도자격의 지위에 있는 사람들은, 자신들의 권한이 제한되는 것에 대해, 강력하게 반대해 왔습니다. 그뿐만이 아닙니다. 그 뒤에는 권력욕을 부추기는 무리가 있습니다. 그들은 금전적 이익을 추구하고, 그 활동을 추진하기 위해, 권력에 접근합니다. 전쟁이 일어나면, 무기를 팔거나 큰 이익을 얻으려고 하는 사람들이, 그 전형적인 예입니다. 그들은 전쟁을 자신에게 유리한 상황, 개인적 이익과 힘을 늘리는 절호의 기회로만 생각하는 것입니다. 사회적 배려가 결여되어 있고, 눈앞에 어떤 상황이 일어나도, 태연하게 자신의 이익을 추구하려고 합니다. 이러한 사실을 알았다고 하여 전쟁 문제를 풀 수 있는 것은 아닙니다. 이는 다만 문제의 실마리를 잡은 것에 지나지 않으며, 새로운 문제가 떠오르고 있습니다.

지금도 지구 곳곳에는 전쟁이나 그에 준하는 상황이 수시로 발생한다. 아인슈타인은 프로이트에게 편지로 해결책 모색을 호소한다. 정신분석학자로서 당대 최고의 심리학자에게 '마음 교육'이라는 방법으로 전쟁 문제를 해결할 수 없는지, 화두를 던져 본다.

톨스토이의 『교육론』 - 사회는 진보하는가 ①

레프 니콜라예비치 톨스토이(Lev Nikolayevich Tolstoy, 1828~1910)! 세상은 말한다. 그를 세계적 대문호(大文豪: a writer of great literature)라고. 『전쟁과 평화』, 『부활』, 『안나 카레니나』 등 그의 작품들을 보라! 19세기에 가장 뛰어난 소설이라고 평가받는 이런 작품 때문만은 아니다. 단편과 중편 소설을 비롯하여, 그의 수많은 글이 지금도 인류에게 감동을 선사하고 있다. 어쩌면, 그의 존재는 인류의 축복이다.

그런데 톨스토이에게는, 이러한 문학가에 못지않은 사상가로서의 면모가 번득인다. 『인생론』, 『교육론』, 『노자도덕경』 등, 깊은 사유와 실천을 담은 저술들이 그것을 보여 준다. 그렇다면 톨스토이는 사상가인가? 나의 대답은 '그렇다!'이다. 그것은 삶에 관한 진지한 성찰과 애착이, 내면으로 녹아들어, 다시 세상으로 나올 때 발휘되었다.

하나의 사례가 있다. 톨스토이는 당대의 지식인인 마르코프와 사회 진보에 관한 논쟁을 벌인다. 마르코프는 당시의 작가이자 교육자였다. 하지만 둘의 의견은 뉘앙스를 달리하며 서로를 변호한다. 톨스토이는 말한다.

> 마르코프는 내가 한 말의 의미를 전용(轉用)하여 다음과 같이 말하고 있다.
> "이전의 모든 시대가 새로운 시대의 발달을 방해하고 있다! 톨스토이는 앞으로 나가면 나갈수록 반발은 심해지고 상황은 악화된다고 말하고 있다. 정말 기괴한 진보가 아닐 수 없다.

인류가 역사를 믿지 않고, 어떤 특정한 존재의 이론을 믿는다면, 아마 세계는 수천 년 동안 쌓인 반발 때문에, 점점 피폐해지고 멸망할 날이 눈앞에 닥쳐 있을 것이다."

이 발언에 대해 톨스토이는 고개를 갸우뚱한다. 뭔가 잘못 이해하고 있는 것 같다! 톨스토이의 변론은 이렇게 전개된다.

나는 말했을 뿐이다. "진보란 좋은 것이다! 아니, 아주 나쁜 것이다!" 나는 '진보'라는 교의를 지지하지 않는다. 신앙 이외에, 진보의 필요를 증명할 수 있는 것은 아무것도 없다. 나는 오로지 "과연 세계는 끊임없이 피폐해 나가기만 했을까?"라는 점을 증명하려고 노력했을 뿐이다.
마르코프가 전용한 말과 내가 직접 한 말 사이에는 차이가 있다. 내가 말하려는 것은 "전 인류가 피폐해 나가고 있는 중이다!"라는 것이 아니었다. 마르코프가 변호하려는, "교육의 작용에 속하는 부분이 피폐해 있다!"라는 차원이었다.

이 지점에서 '사회 진보'의 본질과 그에 개입하는 인간의 '교육' 문제에 초점이 모아진다.

사회는 진보하는가? 퇴보하는가? 아니, 이 사회가 피폐해 나가고 있는가?

사회 진보에 관한 두 지성의 의견은 무엇을 지시하는가?

톨스토이의 『교육론』 - 사회는 진보하는가 ②

톨스토이는 마르코프의 견해를 충분히 인정했다. 특히, 마르코프의 역사적 견해가 유감없이 발휘되는 다음의 언급에 주목한다.

> 시대마다, 인간은, 서로 다른 사물을 서로 다른 방법으로, 가르치고 있다! 철학자들이 제각기 자신의 방법으로 학문을 하듯이, 루터도 자신의 방법으로, 루소도 자기 나름의 독특한 방법으로, 페스탈로치도 자신의 독특한 방법으로, 가르치고 있다. 이러한 사실을 통해 볼 때, 어떤 지성인은 교육의 규범을 획일적으로 결정짓는 것은 불가능하다고 판단하고, 교육을 부정하고 있다!
> 시대의 요구에 맞게 가르치는 것이 규범이다. 그것은 간단하다. 역사 및 논리와 조화된다. 루터의 경우, 그 자신이 시대의 자식이었다. 당시의 사조에 따라 시대정신에 부합하게 생각하고, 시대의 기호에 맞게 행동했다. 때문에, 한 세기를 통틀어 교사의 상징이 될 수 있었다. 그렇지 않았다면, 그의 위대한 영향은 쓸모없고, 이해할 수 없는, 초자연적인 것처럼 되었으리라. 그가 동시대의 사람들과 함께 하지 않았다면, 쓸모없고 이해할 수 없는, 누구에게도 필요하지 않은, 한 시대의 사회현상으로서 존재하다가 소멸했을 것이다. 자신의 언어조차 모르는 민족 사이를 유랑하던 사람과 똑같은 존재로 타락했으리라. 루소나 그 밖의 사람들에 대해서도 마찬가지다. 루소는 그의 이론 속에, 동시대인들의 맹렬한 증오와 순진하며 솔직한 갈망을, 삶의 형식과 기교를 반영하여, 논리 정연하게 표현했다.

> 이는 당시 베르사유식의 생활양식에 대한 불가피한 반동이었다. 루소만이 그런 문화를 감지하고 있었다면, 낭만주의 시대는 나타나지 않았을 것이다. 1789년 프랑스에서 이루어진, 인류 삶의 양식을 개혁하려는, 전 세계 집단 대중의 「권리선언서」나 이와 비슷한 사건들은 나타나지 않았으리라.

톨스토이는 마르코프의 풍부한 지식, 총명한 진술, 객관적 역사 관찰에 대해 지지하는 듯하다. 그러나 이런 견해를, 공상적이고 높은 곳에 서 있는 것으로, 이해한다. 루터도 루소도 프랑스 혁명도, 그의 발아래에서 움직이는 것으로, 안타깝게 여긴다.

역사의 어느 지점으로부터 보면, 역사적 행위를 찬미하거나 비방한 결과, 이를 역사의 틀 속에 맞추기 쉽다. 일반적으로 알고 있는 불변의 역사 법칙을 따르면서, 빙빙 돌 수 있다. 그러다 보면, 궁극 목적은 아무것도 없다!

톨스토이는 고심을 거듭하며 묻는다.

> 교육의 테두리 안에서 인간의 활동이 지도되고, 정당한 인류의 활동 규범이 될 수 있는 일반법칙! 그것이 무엇일까?

톨스토이의 『교육론』 - 진보란 무엇인가? ①

100여 년 전 톨스토이는 고민했다. 도대체 진보란 무엇일까? 무엇이어야 할까? 혹시, 인간들이 진보에 대해 맹목적으로 추종하고 있지는 않을까? 진보의 근본 사상은 다음과 같이 표현할 수 있다.

> 인류는 끊임없이 삶의 형태를 바꾸어 간다.
> 과거에 시작된 사업이나 형상을 보존하고 지속하면서, 과거를 새롭게 경험한다!

이 짧은 구절이 진보의 의미를 근원적으로 일러 준다. 톨스토이는 인류의 다양한 관계에서 이러한 형태의 변화를, '운동(運動)', 또는 '움직임'에 비유한다. 그리고 과거의 형태 변화를 '퇴보(退步)'라고 부르고, 미래의 변화를 '진보(進步)'라고 명명한다. 인간 사회에서는, 일반적으로, '인류는 앞을 향해 전진한다!'라고 생각한다. 표현이 명료하지 않지만, 비유는 꽤 정확하다.

그러나 이 의심할 필요도 없는 말을 성찰해 보면, 진보와 역사적 진화를 믿는 사람들은 증명할 수 없는 가설을 설정한다. 예를 들면, "과거의 인류는, 삶을 덜 즐기고 덜 행복했다!" "인류는 과거로 회귀하면 할수록 덜 행복하며, 미래로 전진하면 할수록 더 행복해진다!" 등등, 입증하기 힘든 주장을 한다. 그 결과, 어떤 '성과(成果)'를 남겨야만 인간의 삶을 산 것처럼, 그런 활동을 위해, 오로지 역사적 조건에 부응하여 행동한다.

진보의 법칙에서 볼 때, 모든 역사적 활동은, 인간 사회를 보편적 행복을 증대하는 방향으로 이끌어야 한다. 즉 행복을 초래해야 한다. 역사의 운동을 중단하거나, 또는 이것과 대립되는 모든 시도는 무익하다! 결론은 이렇게 추출된다. 하지만, 이 결론은 엉터리다. 진보의 과정에서, 인류의 끊임없는 개선에 대한 가설은 무엇으로도 증명되지 않는다! 왜냐? 정당하지 않은 가설이기 때문이다.

진보를 믿는 역사가는, 인류의 삶은 태고(太古)로부터 진보의 과정이 발생하고 있다고 말한다. 예컨대, 1600년대의 영국과 수백 년이 지난 영국 사회를 비교함으로써 그 가설을 증명하려고 한다. 그렇다! 그것은 다양한 차원에서 볼 때, 일종의 진보다. 현대의 영국을 과거의 영국과 비교함으로써, 현대 영국 국민의 행복이 과거 영국 사람의 행복에 비해 증대되었음을 증명할 수 있다.

그런데 이런 관점에 설 경우, 하나의 까닭 모를 사안이, 늘, 톨스토이를 놀라게 한다. 그것은 다름 아닌, 영국의 국민 가운데 극소수 부분을 가지고, 과거와 현재를 비교하여, 인류 전체의 일반적·보편적 법칙으로 추출하는, 기이한 현상이다. 이 무엇을 의미하는가?

톨스토이의 『교육론』 - 진보란 무엇인가? ②

진보주의자들은 말한다.

> 진보는 인류의 보편적 법칙이다.
> 단, 아시아, 아프리카, 미국, 오스트레일리아 등, 여러 나라에 살고 있는 수십억의 국민은 제외한다!

인구 3,000명 규모의, 어떤 작은 지역의 경우, 이러한 진보의 법칙을 인정할 수 있다. 동시에 10억이 넘는 인구를 가지고 있는 중국의 경우, 이러한 진보의 법칙 전체를 부정한다는 것도 우리는 알 수 있다. 더구나 인간 사회는, 진보가 전 인류의 보편적 법칙이라는 것을, 일순간이나마 의심치 않는다. 진보를 믿는 자는 옳고, 믿지 않는 자는 잘못이다! 그리하여 중국인에게 대포와 소총을 들이대고, 진보의 이상을 불어넣으려고 했다. 톨스토이가 살았던 시대, 근대 동아시아 개화의 시대에는 그랬다.

그러나 상식의 차원에서 볼 때, 인간은 인간 사회에 대해 이렇게 경고한다.

> 인류의 대부분, 이른바 동방 민족 전체가 이런 진보의 법칙을 인정하지 않고, 반대로 이것을 부정한다면, 이 법칙은 전 인류를 위해 존재하는 것이 아니라, 인류의 어느 일부분에서, 이 법칙에 대한 맹목적 추종이 존재할 뿐이다!

톨스토이는, 진보의 미신에서 벗어난 모든 사람과 마찬가지로, 다음과 같은 현상을 볼 뿐이었다.

> 인류가 살고 있다는 것, 희생이 증대하거나 소멸되거나 한다는 것, 과거에 이루어졌던 노동의 산물이 가끔 현재에서 새로운 일을 하기 위한 기초가 된다는 것, 또 가끔씩 그 장애가 되기도 한다는 것, 인류의 행복이 어느 장소 또는 어느 계급 계층에 있어 증대하며, 또 어떤 의미에서는 감소하고 있다는 것 등등.

그리고 톨스토이는 고백했다.

> 사실은 부러운 일이기는 하지만, 나는 인류의 생활에 대한 어떤 공통적인 법칙도 발견하지 못했다! 역사를 진보의 관념 아래로 유도하는 것, 이는 퇴보의 사상 아래, 또는 자의적인 역사적 공상 아래로 유도하는 것과 마찬가지로 매우 용이한 작업이다.

톨스토이는 한걸음 더 나아가, 생각했다.

> 역사 속에서 보편적 법칙을 구한다는 것은 불가능하다!
> 그것은 말할 가치도 없는 동시에, 아무런 필요도 없다!

보편적 법칙이 없다면, 특수한 법칙들이 상황에 따라, 시대정신을 영위하는 것인가?

정말, 진보란 무엇일까?

신창호

현) 고려대학교 교수
이메일 sudang@korea.ac.kr

교육철학잡기 8 [2025]
–고전 산책, 100가지 양식–

초판발행 2026년 1월 2일

지은이 신창호
펴낸이 노 현

편 집 김용순
디자인 BEN STORY
제 작 고철민·김원표

펴낸곳 ㈜피와이메이트
서울특별시 금천구 가산디지털2로 53, 210호(가산동, 한라시그마밸리)
등록 2014. 2. 12. 제2018-000080호
전 화 02)733-6771
f a x 02)736-4818
e-mail pys@pybook.co.kr
homepage www.pybook.co.kr
ISBN 979-11-7279-194-0 03370

정 가 16,000원